*Harrer*

---

*Brot und Gebäck*

# Brot und Gebäck selbst gebacken

**Tips, Anregungen und Rezepte**

**von Rosi Harrer**

**Zweite erweiterte Auflage**

**Acht Farbtafeln**

ÖSTERREICHISCHER AGRARVERLAG
Druck- und Verlagsgesellschaft m. b. H.

Österreichischer Agrarverlag, Wien 1988

Herstellung: Druckerei G. Grasl, 2540 Bad Vöslau
Printed in Austria 1988 — ISBN 3-7040-0936-9

# Inhalt

# Selbergebackenes Brot — eine Spezialität!

Brot ist ein wichtiges Grundnahrungsmittel. Es vergeht kaum ein Tag, an dem wir nicht ein Stück Brot oder Gebäck zu uns nehmen. Das Wort „Brot" wird oft im übertragenen Sinn für das Wort Nahrung verwendet.

Brot ist ein Produkt aus gemahlenem Getreide, also ein Gebäck, das aus Mehlen hergestellt wird, mit einer festen, gebräunten Kruste, die eine weiche, gelockerte, von vielen Poren durchsetzte Krume umschließt.

Das Brotbacken setzt bestimmte Grundkenntnisse voraus, nämlich

- von den Getreidearten und den entsprechenden Mehlen,
- von der Anwendung der Teiglockerungsmittel,
- von der Teigbereitung und Teigausarbeitung sowie
- vom Backen.

Damit läßt sich auch erklären, warum kulturell höher entwikkelte Völker feiner differenzierte Brotarten kennen, während in den Entwicklungsländern Brot — wenn überhaupt — nur ein einfaches Grundnahrungsmittel darstellt.

Ist das Selberbacken von Brot heute noch aktuell? Diese Frage kann man durchaus bejahen, denn für ländliche Haushalte, die oft weit entfernt von Einkaufszentren liegen, ist diese Form der Versorgung sogar eine Notwendigkeit. Und in ländlichen Fremdenverkehrsgebieten ist selbergebackenes Brot eine allseits begehrte Spezialität, die dem Bäckereierzeugnis vorgezogen wird.

Erstellt man einen Speiseplan, so wird vor allem auf Abwechslung zu achten sein, eine für die menschliche Ernährung besonders wichtige Grundregel. Dies könnte auch auf das Brotbacken übertragen werden, indem man für bestimmte Anlässe verschiedene Brotsorten selber backt.

Schon heute sind es nicht wenige Hausfrauen bzw. Bäuerinnen, die den Mehraufwand nicht scheuen und im Selber-Brotbacken ein neues Hobby gefunden haben. Dieser Trend läßt sich nicht nur im ländlichen Raum, sondern auch in den Städten immer mehr feststellen.

# Wissenswertes rund um das Mehl

Die Qualität des Brotes hängt nicht nur von der Teigbereitung und vom Backen ab. Eine große Rolle spielt auch die Güte des Mehles, die wiederum aus der Qualität des Getreides resultiert. Wenn hochwertiges Brotgetreide erzeugt werden soll, müssen auch Anbau, Pflege, Ernte und Lagerung den Anforderungen entsprechend geplant und sorgfältig durchgeführt werden. Auch die Düngemittel sollte man nicht wahllos einsetzen.

Heute wird fast ausschließlich mit dem Mähdrescher gedroschen, was zwar eine wesentliche Arbeitserleichterung, aber auch einige Nachteile mit sich bringt. Denn beim Dreschen fallen Stroh, Spreu und Unkrautsamen direkt auf den Ackerboden. Wohl wird das Stroh eingebracht, aber die Unkrautsamen bleiben auf dem Feld liegen. Somit ist die Unkrautbekämpfung im Getreidebau zu einer dringenden Notwendigkeit geworden, da ungehemmter Unkrautwuchs den Ernteertrag erheblich mindert. Um dem vorzubeugen, wird das Unkraut mit Bekämpfungsmitteln (Herbiziden) vorsichtig und wohldosiert behandelt.

Nach einem Regen wird mit dem Dreschen nicht immer so lang gewartet, bis die Getreideähren wirklich trocken sind, was oft zu muffigem Getreide führt. Dazu kommt noch, daß Überdüngung, starker Wind und Regen eine vorzeitige Lagerung, also ein Umsinken der kopflastigen Getreidepflanzen, bewirken. Dadurch wird die Ernte erschwert und der Ertrag verringert. Hier könnte mit einer Spritzung eines CCC-hältigen Mittels vorgebeugt werden, welches den Halmwuchs einschränkt und gleichzeitig eine halmverstärkende Wirkung hat.

Auch der Ausbau von Straßen und Autobahnen, der durch die zunehmende Motorisierung unerläßlich geworden ist, wirkt sich auf die Landwirtschaft nicht gerade vorteilhaft aus: Von Millionen Autos ziehen im Laufe eines Sommers die Abgase mit ihren Schadstoffen über die angrenzenden Getreidefelder. Daher liegt die Frage nahe, ob Getreide, das unter den vorher angeführten Voraussetzungen geerntet wird, auch ein gesundes Brot ergibt?

Brot kann entweder nur aus einer Getreideart, zum Beispiel nur aus Roggen oder nur aus Weizen, oder auch aus mehreren Getreidearten hergestellt werden. Werden zwei oder mehrere Getreidearten zu einem Brotteig vermischt, wird dieses Brot noch bekömmlicher, denn Geschmack und gesundheitlicher Wert werden dadurch positiv beeinflußt.

## Über die Verarbeitung von Brotgetreide

Wer das Brotbacken als ernstzunehmendes Hobby betrachtet, sollte auch über die verschiedenen Brotgetreidearten, die daraus gewonnenen Mehle und deren Weiterverarbeitung Bescheid wissen.

### Weizen

Unser heutiger Weizen ist aus Wildformen gezüchtet. Früher kannte man bei uns nur Getreidearten, die dunkles Mehl lieferten. Weizen hat einen hohen Klebergehalt, worauf die gute Backfähigkeit zurückzuführen ist. Aus diesem Grund wird Weizen auch vorwiegend für Brot- und Backwaren verwendet. Bei Hartweizen ist der Klebergehalt besonders hoch und er wird daher zur Herstellung von Nudeln und ähnlichen Teigwaren besonders bevorzugt. Weizen ist reich an Vitaminen ($B_1$, $B_2$, $B_6$ und Karotin) und Mineralstoffen (Kalium, Phosphor und Magnesium).

### Roggen

Roggen stammt vom Bergroggen (Wildform) ab und gedeiht auch noch in Gebirgsgegenden und in nördlichen Ländern, wo kein Weizen mehr wächst. Da er nur einen geringen Klebergehalt aufweist, ist die Backfähigkeit eher als schlecht zu bezeichnen. Deshalb wird dem Roggenmehl ein bestimmter Anteil Weizen hinzugefügt, um die Verarbeitungsfähigkeit zu verbessern.

Auch im Roggenkorn findet man reichlich B-Vitamine und Mineralstoffe. Je höher der Roggenanteil im Brot ist, umso dunkler wird das Brot. Roggen und Weizen sind jene Brotgetreidearten, die am häufigsten zur Herstellung von Backwaren verwendet werden.

### Hafer

Hafer gedeiht auch in Gegenden mit kühlerem Klima sowie auf minderwertigen Böden und zeichnet sich durch einen hohen Nährwert aus. Er wird für Mischbrote (zum Beispiel Sechskornbrot) verwendet und ist reich an Vitaminen ($B_1$, $B_2$, $B_6$, E, Biotin) und Zellulose. Empfehlenswert ist Nackthafer, eine spelzenlose Hafersorte aus China, die noch mehr Eiweiß, Fett und Vitamin $B_1$ enthält.

### Gerste

Bei dieser Getreideart handelt es sich um eine sehr alte Kulturpflanze, Gerstenbrot (Fladenbrot) und Gerstenbrei waren lange Zeit ein wesentlicher Bestandteil der Ernährung unserer Vorfahren. Auch Gerste eignet sich zur Anreicherung von Mischbroten.

## Über Mühlen und Mehlprodukte

Das Getreide wird hauptsächlich in den Müllereien vermahlen. Man unterscheidet zwischen Hoch-, Flach- und Vollkornmüllerei. Vor dem Mahlen wird das Getreide gereinigt, wobei Staub, Schmutz, Spreu, Fremdkörper und Unkrautsamen entfernt werden.

In der *Hochmüllerei* wird das geschälte und entspitzte Getreidekorn in mehreren Mahlvorgängen zwischen immer enger gestellten Walzen vermahlen und die Kleie zwischendurch ausgesiebt. Zum Schluß bleibt das weiße Mehl übrig. Auf diese Art werden vor allem Weizen und Roggen verarbeitet. Endprodukte der Hochmüllerei sind grober und feiner Schrot, grober und feiner Grieß, doppelgriffiges, griffiges und glattes Mehl.

*Bau- und Inhaltsstoffe des Getreidekornes*

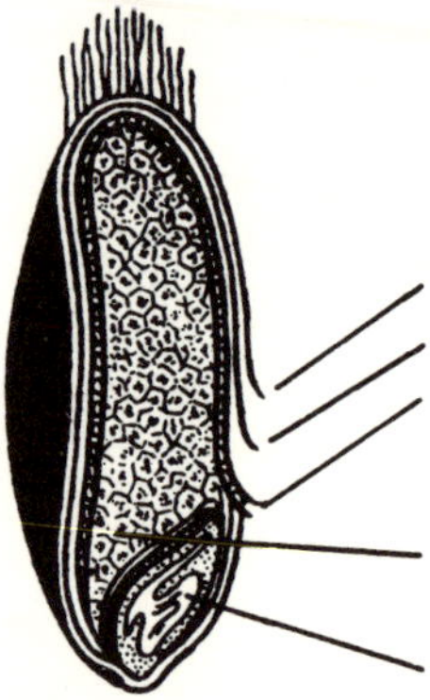


Im Gegensatz zur Hochmüllerei werden in der *Flachmüllerei* die geschälten und entspitzten Getreidekörner in einem Arbeitsgang vermahlen und es entstehen dunkle Mehle. Diese Methode wird für die Erzeugung von Brot- und Spezialmehlen angewendet und ist auch in Haushalten gebräuchlich.

Die *Vollkornmüllerei* hat in letzter Zeit wieder an Bedeutung gewonnen. Hier wird das ganze Getreidekorn einschließlich Randschichten und Keimling verarbeitet, was zu grobem und feinem Vollkornschrot und Vollkornmehl als Endprodukt führt.

Beim Mehl unterscheidet man grundsätzlich zwischen:

### Auszugsmehl

Es enthält vom Getreidekorn nur den Mehlkörper; die Randschichten (Fruchtschale, Samenschale und Aleuronschichte) sowie der Keimling fehlen.

### Vollkornmehl

Hier wird das gesamte Getreidekorn einschließlich Randschichten und Keimling vermahlen. Diese Mehlsorte wird besonders in Reformhäusern und Naturkostläden angeboten.

Auszugsmehle sind in allen Lebensmittelgeschäften erhältlich. Sie bilden den Hauptbestandteil unserer handelsüblichen Mehle. Vielfach wird heute noch die Meinung vertreten, Mehl sei umso besser und gesünder, je feiner es ausgemahlen ist.

Diese Ansicht ist jedoch falsch und nur historisch erklärbar, denn einst waren Mühle und Bäckerei in einem Betrieb vereinigt. Das Vollkornmehl wurde gemahlen und sofort weiterverarbeitet. Später jedoch entwickelte sich die Müllerei zu einem eigenen Gewerbezweig und das Mehl mußte daher auch gelagert werden. Vollkornmehl ist aber nicht lange haltbar, weil es durch die Öle, die es enthält, rasch ranzig und ungenießbar wird. Unter Zutritt von Luftsauerstoff oxydiert der Keimling, weshalb er entfernt werden muß. Dies geschieht einfach durch Aussieben, weil beim Mahlen der Mehlkörper zu feinem Staub zerfällt, Randschichten und Keimling hingegen aufgrund ihrer zäheren Struktur grobflockig bleiben. Auszugsmehle sind somit haltbar und können gelagert werden, ohne zu verderben. Allerdings gehen auf diese Weise auch die Vitamine, Mineralstoffe und Ballaststoffe verloren, die sich vorwiegend in den Randschichten und im Keimling des Getreidekornes befinden.

## Wie beurteilt man das Mehl?

Die Beurteilung des Mehles kann nach verschiedenen Gesichtspunkten erfolgen:

*Nach dem Ausmahlungsgrad*

Dieser gibt an, wieviel vom ursprünglichen Getreidekorn in der Mehlsorte enthalten ist. Vollkornschrot bzw. Vollkornmehl ist zu 100 %, ein Auszugsmehl zu 30—40 % ausgemahlen. Der Ausmahlungsgrad läßt sich daher leicht nach der Farbe bestimmen. Je heller das Mehl ist, umso höher ausgemahlen ist es und umso geringer ist der Anteil an Randschichten und Keimlingen.

*Nach den Mehltypen*

Für das Mehl wurde eine eigene Typenbezeichnung geschaffen, die in Zahlen ausgedrückt wird. Diese Zahl hat einen direkten Bezug zum Mineralstoffgehalt im Mehl. Sie gibt die Menge an Mineralstoffen in mg an, die in 100 g Trockensubstanz des Mehles enthalten sind. Wie bereits oben erwähnt, sind helle Mehle mineralstoffärmer und haben somit eine niedrigere Typenzahl (z. B. Weizenmehl, Type 480).

*Handelsübliche Mehlsorten*

Weizenmehle

| Typen-Bezeichnung | |
|---|---|
| Type 480 | Haushaltsmehl, ohne Randschichten und Keimling |
| Type 480 KR bzw. dunstgriffig | feines Haushaltsmehl, für Feingebäck wie Torten, Krapfen usw. |
| Type 700 glatt und griffig | Haushaltsmehl, zum Brotbacken im Haushalt gut geeignet |
| Type 1600 | Weizenbrotmehl |

Roggenmehle

| Typen-Bezeichnung | |
|---|---|
| Type 500 | Weißroggenmehl, ohne Randschichten und Keimling, für helles Roggenbrot |
| Type 960 | geringer Anteil an Randschichten, Brotmehl |
| Type 2500 | Schwarzroggenmehl, hoher Anteil an Randschichten, für dunkles Roggenbrot, Lebkuchen |

Schrote

| | |
|---|---|
| Weizen-Graham | ganze Weizenkörner, geschrotet |
| Roggenschrot grob | ganze Roggenkörner, grob geschrotet |
| Roggenschrot fein | ganze Roggenkörner, fein geschrotet |

*Nach dem Nährstoffgehalt*

Mehle mit niedriger Typenzahl sind reich an Stärke und Kleber. Sie enthalten aber wenig Vitamine und Mineralstoffe.

Vollkornmehl enthält außer Stärke und Kleber auch noch lebenswichtige Stoffe wie Mineralstoffe, Vitamine und Zellulose. Produkte aus Vollkornmehl regen die Verdauung und den Zellstoffwechsel an und tragen dazu bei, daß ernährungsbedingte Zivilisationskrankheiten vermieden werden.

## Mühlen für den Hausgebrauch

Wenn Brot aus Vollkornmehl oder Vollkornschrot gebacken wird, so sollte beides immer nur frisch gemahlen verwendet werden. Schon vor längerer Zeit gemahlenes Vollkornmehl hat die wertvollen Wirkstoffe und Vitamine verloren. Nach ca. 6 Wochen Lagerung entspricht deren Anteil dem eines Auszugsmehles. Außerdem können bei lange gelagertem Vollkornmehl durch die Oxydation auch Schadstoffe entstehen, wie bereits ausführlich dargestellt wurde. Daher wäre es empfehlenswert, eine eigene Getreidemühle anzuschaffen, wenn keine Möglichkeit besteht, frisch gemahlenes Vollkornmehl zu beziehen. Die Anschaffung einer Getreidemühle ist ja letztlich auch eine Kosten- bzw. Rentabilitätsfrage. Wird Vollkornmehl nur selten verarbeitet, wäre es unwirtschaftlich, dafür eine eigene Mühle zu kaufen. Wird es aber auch beim Kochen und Backen von Mehlspeisen anstelle von Auszugsmehl verwendet, würde dies den Erwerb einer solchen Mühle schon eher rechtfertigen.

Der Markt bietet ein reichhaltiges Angebot an Haushaltsgetreidemühlen, die je nach Ausführung, Mahlleistung und Größe ebenso unterschiedliche Preise aufweisen.

### Handbetriebene Mühlen

Diese werden am Tisch angeschraubt oder mit einer Ansaugvorrichtung auf der Tischplatte befestigt. Gedreht wird mit einer Kurbel. Handbetriebene Mühlen können mit Mahlsteinen oder mit Metallscheiben ausgestattet sein. Pro Minute können damit ca. 2 bis 8 dag Getreide fein gemahlen bzw. geschrotet werden. Da das Mahlen von feinem Vollkornmehl kraft- und zeitraubend ist, sind diese Arten von Mühlen zur Herstellung größerer Mehlmengen eher ungeeignet.

## Mahlaufsätze zu Küchenmaschinen

Zu den meisten Küchenmotoren gibt es auch dazupassende Mahlaufsätze (z. B. von Bosch, Bauknecht, Moulinex, Jupiter, Kenwood). Durch die unterschiedliche Verwendbarkeit wird der Ankauf eines Küchenmotors — vor allem für den bäuerlichen Haushalt — noch interessanter.

Mahlaufsätze zu den Küchenmaschinen können mit Metallscheiben oder mit Steinen ausgestattet sein. Die Mahlleistung ist bei den meisten Aufsatzgeräten eher gering und erfordert bei der Herstellung größerer Mehlmengen ebenfalls viel Zeit.

## Elektrische Haushaltsmühlen

Der Markt bietet ein breitgefächertes Angebot an elektrisch betriebenen Haushaltsmühlen mit unterschiedlicher Mahlleistung. Sie sind mit Steinen aus Natur- oder Kunststein oder mit Metallscheiben ausgestattet. Ebenso gibt es bereits steinähnliche, aus Hartplastik gefertigte Mahlsteine. Während man Steinmühlen nur zur Verarbeitung von Getreide verwenden kann, eignen sich Mühlen mit Metallscheiben zusätzlich bei Grobeinstellung auch zum Mahlen von Gewürzen und Leinsamen.

In Steinmühlen wird das Getreidekorn schonender gemahlen und man erhält feines Mehl. Bei Mühlen mit Metallscheiben hingegen hat das Mehl selbst bei der feinsten Einstellung noch eine grießähnliche Beschaffenheit.

Werden Vollkornmehl und Vollkornschrot häufig hergestellt, so ist die Anschaffung einer Mühle mit entsprechender Mahlleistung anzuraten.

Man soll sich auch mehrere Modelle vorführen lassen und erst dann seine Wahl treffen. Will man sehr feines Vollkornmehl erzeugen, wie es für das Backen von Mehlspeisen benötigt wird, ist eine Steinmühle sicherlich vorzuziehen.

## . . . und noch ein paar Tips!

Das zu verarbeitende Getreide muß einwandfrei und trocken sein, da sonst die Mahlsteine verkleben bzw. die Mühle verstopft wird.

Roggen △

△ Weizen

Gerste △

△ Nackthafer

Mais △

△ Buchweizen

Leinsamen △

Die wichtigsten Getreidearten zur Herstellung von Brot und Gebäck sind auf der vorhergehenden Seite abgebildet.

Auch das Mehl von Mais und Buchweizen wird zur Erzeugung von Backwaren verwendet, während Leinsamen als ganzes Korn oder geschrotet einen Spezialzusatz darstellt.

Feuchtigkeitstest: Getreide zwischen zwei harten Gegenständen zerdrücken. Feuchtes Getreide läßt sich ohne zu knacken haferflockenartig flachdrücken. Gegebenenfalls muß das Getreide nachgetrocknet werden.

Steinmühlen bei der feinsten Einstellung nie leerlaufen lassen, da sonst die Mahlsteine abgenützt werden.

Die Mühle soll in einem trockenen, gleichmäßig warmen Raum aufgestellt sein.

Die Bedienungsanleitung für die Mühle ist genau zu lesen und zu beachten.

# Der Brotteig

## Welche Zutaten gibt man zum Mehl?

### Teiglockerungsmittel

Zur Brotbereitung benötigt man außer Mehl, Gewürzen und Flüssigkeit vor allem Teiglockerungsmittel, die den Teig aufgehenlassen. Sauerteig und Hefe sind als Teiglockerungsmittel bereits lange bekannt. Durch sie wird das Brot flaumig und somit bekömmlicher und leichter verdaulich. Für manche Spezialbrote kann auch Backpulver als Lockerungsmittel verwendet werden.

*Sauerteig*

Sauerteig verleiht dem Brot einen säuerlichen, erfrischenden Geschmack und verhindert ein vorzeitiges Austrocknen, wie es beispielsweise beim Hefebrot der Fall ist.

Will man den Sauerteig nicht beim Bäcker besorgen, sondern selbst ansetzen, empfiehlt sich folgendes Rezept:

Sauerteig für ca. 2,5 kg Mehl

*Zutaten: ¼ l lauwarmes Wasser, 2 dag Germ, 1 Teelöffel Zucker, 12 dag Weizenmehl.*

*Zubereitung: Germ und Zucker in Wasser auflösen und das Mehl klumpenfrei einrühren. Diesen Brei mit einem Geschirrtuch zudecken und 24—48 Stunden bei Zimmertemperatur stehen lassen. Nach 24 Stunden kann der Sauerteig bereits verwendet werden, sein volles Aroma hat er aber erst nach 48 Stunden erreicht. Da die Masse ziemlich stark aufgeht, muß die Schüssel entsprechend groß sein.*

Im Gegensatz zum nachfolgend beschriebenen Sauerteig ist dieser flüssig, in der Wirkung jedoch gleich.

Eine andere Art der Sauerteigbereitung besteht darin, einen Teil des bereits fertigen Brotteiges aufzuheben und sauer werden zu lassen. Für kurze Zeit — bis zu drei Wochen — kann er an einem kühlen Ort (Kühlschrank oder Vorratskammer) aufbewahrt werden.

Noch besser ist es, für nur fallweises Brotbacken den Sauerteig tiefzukühlen. Vorerst läßt man den Brotteig leicht sauer werden, indem man ihn ungefähr eine Woche lang an einem kühlen Ort lagert. Anschließend wird er eingefroren. Will man tiefgekühlten Sauerteig verwenden, nimmt man ihn einen Tag vor dem Brotbacken aus der Tiefkühltruhe, läßt ihn auftauen und verarbeitet ihn dann wie frischen Sauerteig.

Verwendet man Sauerteig als Teiglockerungsmittel, so erfolgt einige Stunden vorher — oder besser noch am Vorabend des Brotbackens — das *Eindampfeln.* Dabei löst man den Sauerteig in lauwarmem Wasser klumpenfrei auf oder weicht ihn bereits einige Stunden vorher in Wasser auf. Dann rührt man in das Sauerteig-Wassergemisch soviel Mehl ein, daß ein dickflüssiger Brei entsteht.

*Hefe (Germ)*

In Verbindung mit Flüssigkeit und unter Beigabe von Zucker teilen sich Hefepilze (Spaltpilze) bei entsprechender Temperatur immer wieder. Dabei entsteht Kohlendioxyd, das den Teig lockert und treibt.

Hefe ist als frische Hefe (abgepackt zu Würfeln mit 4 dag oder in größerer Menge zu ½ kg) und als Trockenhefe im Handel erhältlich. Frischhefe ist hellgrau bis hellgelb und bricht in muschelförmige Stücke, zeigt keine Risse und keine bräunlichen Flecken. Ausgetrocknete Hefe ist hart, rissig und stellenweise dunkel gefärbt und hat ihre Treibkraft weitgehend verloren.

Kurzfristig kann Hefe im Kühlschrank aufbewahrt werden. Die Konservierung für längere Zeit erfolgt am besten im Tiefkühlschrank. Auch Trockenhefe ist als Teiglockerungsmittel für Brotteig geeignet und läßt sich sehr leicht lagern.

Ihre beste Treibkraft entwickelt Hefe bei einer Temperatur von 37° C. Direkte Berührung mit Salz und Fett beeinträchtigt jedoch ihre Wirkung. Daher sollten diese Zutaten erst dann beigemengt werden, wenn die Hefe mit dem gesamten Mehl vermischt wird.

Ist die Hefe frisch, kann sie vor dem Kneten direkt in das Mehl gebröselt werden. Sonst ist es vorteilhaft, ein Dampfl zu bereiten oder die Hefe in etwas lauwarmem Wasser aufzulösen.

Verwendung: hauptsächlich für leichte Weizenbrote,
eventuell für Roggenbrot,
zur Unterstützung des Sauerteiges bei ungünstigen Bedingungen, etwa niederer Temperatur.

Teiglockerungsmittel für 1 kg Mehl

| | |
|---|---|
| Reiner Sauerteig | — ca. 15—20 dag bei kurzer Rastzeit und kleiner Mehlmenge, ca. 10 dag bei längerer Rastzeit für größere Mehlmenge. |
| Reine Hefe | — 4 dag bei normaler Rastzeit, kleiner Mehlmenge und niedriger Raumtemperatur; 3 dag bei längerer Rastzeit und größerer Mehlmenge sowie höherer Raumtemperatur. |
| Sauerteig + Hefe | — 1—2 dag Germ zum Sauerteig. |

### Brotgewürze

Salz: je kg Mehl 1 gestrichener Eßlöffel (höchstens 2 dag). Typische Geschmacksbeigaben im richtigen Mischungsverhältnis: ⅓ Krümmel, ⅓ Koriander, ⅓ Fenchel + Anis.

Für Spezialbrote können noch andere Gewürze, wie Sellerie- und Knoblauchsalz, Wacholder und Kardamon, verwendet werden.

Gewürze werden nicht nur aus Geschmacksgründen beigemengt, sondern besitzen außerdem einen hohen gesundheitlichen Wert und regen die Bildung der Verdauungssäfte an. Bei frischem Brot wirken Anis, Kümmel und Fenchel gegen Blähungen.

Gemahlene Gewürze schmecken intensiver, sollen aber jedesmal frisch gemahlen werden, da sie in dieser Form während längerer Aufbewahrung den Geschmack teilweise oder ganz verlieren.

Die Gewürze werden erst kurz vor der Teigbereitung dem Mehl beigemengt.

Gewürzmenge: je kg Mehl 1 gestrichener Eßlöffel der Mischung.

## Flüssigkeit

Für die Herstellung des Brotteiges wird meistens Wasser verwendet, doch kann bei Spezialbroten das Wasser ganz oder zum Teil durch Milch, aber auch Butter- oder Sauermilch ersetzt werden.

*Wasser*

Die Wassertemperatur soll zwischen 35 und 40° C liegen. In kalten Räumen darf das Wasser wärmer sein (bis zu 50° C). Zu heißes Wasser tötet jedoch die Hefepilze ab und verhindert dadurch das Aufgehen des Brotteiges. Wird dieser aber am Abend bereitet und erst am nächsten Tag ausgeformt, so verwendet man kaltes Wasser.

Für das Gelingen des Brotteiges spielt auch die Wasserhärte eine nicht unwesentliche Rolle. So kann zu weiches Wasser die Ursache für das Mißlingen des Brotes sein; hartes Wasser ist für Brotteige besser geeignet.

Die Flüssigkeitsmenge hängt von der gewünschten Festigkeit des Teiges, von der Qualität und vom Ausmahlungsgrad des Mehles ab. Teige aus Vollkornmehlen bzw. Vollkornschroten brauchen mehr Flüssigkeit als Teige aus Auszugsmehlen. Mehl mit einem hohen Klebergehalt bindet mehr Flüssigkeit.

Menge für mittelfeste Teige: je 1 kg Mehl ca. ½—¾ l.

## Spezialzutaten

Außer den herkömmlichen Broten können natürlich auch die verschiedensten Spezialbrote selbst hergestellt werden, die man durch die Beigabe besonderer Zutaten erhält:

*Leinsamen*

Der echte Lein (Flachs) stammt vermutlich aus dem südwestlichen Mittelmeergebiet. Heute wird er vorwiegend in Süd- und Mitteleuropa bis in 800 m Seehöhe kultiviert.

Leinsamen enthält Fett mit einem sehr hohen Anteil an ungesättigten Fettsäuren, Eiweiß, teils verdaulichen und unverdaulichen Kohlehydraten wie Hemizellulosen und Schleimstoffe. Außerdem enthält er Rohfaser, Zellulose und Mineralstoffe.

Durch den Zusatz von Leinsamen wird das Brot leichter verdaulich. Er kann ungemahlen oder gemahlen dem Brot beigefügt werden, wird jedoch vom menschlichen Körper in gemahlener Form besser verwertet. Da Leinsamen unter Zutritt von Luftsauerstoff wegen des hohen Fettsäuregehaltes sehr rasch oxydiert, sollte er nur frisch gemahlen verarbeitet werden. Leinsamenbrot, das man längere Zeit lagern will, sollte hingegen mit ungemahlenem Leinsamen bereitet werden.

Zum Mahlen von Leinsamen ist eine Steinmühle ungeeignet, da die Mahlsteine verklebt werden. Daher ist die Verwendung einer Mühle mit Metallscheiben vorzuziehen.

*Buchweizen*

Buchweizen gehört zu den Knöterichgewächsen, dessen kleine dreieckige Früchte mineralstoffhältig und reich an Vitamin B sind und außerdem Lysin enthalten.

Buchweizen wird entweder feingemahlen oder geschrotet verwendet, so z. B. für Sechskornbrot.

*Mais*

Mais zählt zu den Getreidearten und wird feingemahlen oder geschrotet zur Herstellung von Spezialbroten verwendet. Da er nur eine geringe Backfähigkeit aufweist, wird er meist mit Weizenmehl oder Weizenschrot vermischt, wobei sein Anteil höchstens 30 % betragen sollte.

*Weizenkeime*

Sie sind hochwertige Nebenprodukte, die bei der Herstellung von niedrigtypigen Mehlsorten anfallen. Sie sind sehr fett- und vitaminreich und können Auszugsmehle aufwerten.

*Weizenkleie*

Auch Weizenkleie entsteht beim Mahlen von Auszugsmehl. Durch die Beigabe von Kleie wird das Brot mit Ballaststoffen angereichert und somit die Verdauung angeregt.

*Sesam*

Er wird hauptsächlich bei Weizenbroten zugesetzt und kann sowohl dem Teig beigemengt oder auch nach dem Ausformen auf die Oberfläche aufgebracht werden, was zu einer besonderen Geschmacksverbesserung bei Brot und Gebäck führt.

*Sonnenblumen- bzw. Kürbiskerne*

Beide Kernarten sind sehr fettreich und können ganz oder grob gehackt bereits dem Mehl beigegeben werden.

*Zwiebel*

Für Zwiebelbrot bzw. Zwiebelweckerl werden Zwiebeln feingeschnitten unter das Mehl gerührt. Goldgelb angeröstet sind sie noch geschmackvoller und werden — nachdem sie ausgekühlt sind — in den fertigen Brotteig eingeknetet.

*Speck bzw. Schinken*

Diese Zutaten können würfelig geschnitten bereits dem Mehl beigemengt oder erst in den fertigen Brotteig eingearbeitet werden.

*Fette*

Es kann Butter, Margarine, Schweinefett oder Öl verwendet werden, wodurch Weizenbrote mürber werden und länger saftig bleiben. Bei Roggenbroten ist die Zugabe von Fett nicht üblich.

*Kräuter*

Frische Kräuter werden fein gewiegt zum Mehl gegeben und mit den restlichen Zutaten zu einem Teig verarbeitet. Je nach Vorliebe finden Petersilie, Schnittlauch, Dill, Kerbel, Kresse, Estragon, Liebstöckl oder Borretsch in entsprechender Menge Verwendung.

*Topfen*

Einen besonderen Geschmack ergibt die Beimengung von Topfen bei Spezialbroten aus Weizenmehl.

*Rosinen*

Auch Rosinen dienen der Geschmacksverbesserung und werden gemeinsam mit den anderen Zutaten dem Mehl beigemengt.

*Mohn, Hagelzucker*

Diese Zutaten streut man auf Brot bzw. Gebäck aus Weizenmehl. Man nimmt sie sowohl als Aromazusatz wie auch als Aufputz.

## Verschiedene Möglichkeiten der Teigbereitung

Brotbacken im eigenen Haushalt ist arbeits- und zeitaufwendig, vor allem, wenn das gesamte Brot für eine große Familie selbst gebacken wird. Das ist auch wohl der Hauptgrund, warum das Brot meist beim Bäcker gekauft wird.

Will man größere Mengen Brot selbst herstellen, so sollte dafür ein entsprechend geeigneter Platz vorhanden sein. Im Bauernhaus könnte er im Wirtschaftsraum eingeplant werden, wo man auch die Maschinen und Geräte (zum Beispiel eine Knetmaschine) unterbringen und damit der Hausfrau die Arbeit spürbar erleichtern kann.

Das Brotbacken im Haushalt unterscheidet sich in der Teigherstellung wesentlich vom gewerblichen Brotbacken. Selbst im ländlichen Bereich sind Teigbereitung und Brotformen nicht in allen Haushalten gleich.

Als oberster Grundsatz gilt aber auf jeden Fall: Alle Arbeitsgänge sollen so rationell wie möglich durchgeführt werden, um den Arbeitsaufwand in vernünftigen Grenzen zu halten.

Um lockeres Brot zu erhalten, muß der Teig gut durchgeknetet werden. Dafür gibt es folgende Möglichkeiten:

### Teigbereitung ohne Maschine

*Kneten mit der Hand*

Es ist die häufigste Art der Teigbereitung; sie ist jedoch zeit- und kraftraubend, vor allem bei größeren Teigmengen. Als Zeitaufwand muß man für das Mischen der Zutaten und das Kneten des Teiges bei einer Menge von 10 kg Mehl mit circa ½ Stunde rechnen. Selbst bei diesem Arbeitsvorgang gibt es individuelle Unterschiede.

- Größere Mehlmengen werden mit den Zutaten im Backtrog vermischt, wo sie auch als Teig durchgeknetet werden.

- Manchmal werden die Zutaten auch im Backtrog vermischt, bis sie die richtige Festigkeit haben, dann aber in kleineren Portionen auf der Arbeitsfläche durchgeknetet und erst wieder zum Aufgehen in den Backtrog gegeben.

Auch bei kleineren Teigmengen gibt es verschiedene Möglichkeiten der Herstellung:

- Weiche Teige knetet man am besten in einer Schüssel, da sie stark kleben.
- Für mittelfeste bis feste Teige (zum Beispiel für Gebäck) werden die Zutaten in der Schüssel gemischt, bis der Teig die richtige Festigkeit hat. Dann wird die Arbeitsfläche bemehlt und der Teig dort gut durchgeknetet, bis er sich von den Händen und der Arbeitsfläche löst. Sollte er zu kleben beginnen, dann kann man noch etwas Mehl einarbeiten.

*Teig aus der Tupperware-Schüssel*

Die Tupperware-Schüssel eignet sich sowohl für Hefe- als auch für Sauerteigbrot und läßt sich für kleinere Mengen — ca. 2 kg Mehl — gut verwenden. Der Vorteil dieser Schüssel liegt darin, daß der Teig nicht geknetet werden muß und nur warmes Wasser benötigt wird. Allerdings dauert die Teigbereitung etwas länger.

*Arbeitsvorgang: Nach dem Vermischen der Zutaten wartet man, bis der Teig die richtige Festigkeit erreicht hat, streicht die Oberfläche glatt und schließt den Schüsseldeckel, wobei darauf zu achten ist, daß entsprechend Luft entweicht. Anschließend wird die verschlossene Schüssel in ca. 50—60° C warmes Wasser gestellt. Der Teig nimmt rasch an Volumen zu und treibt den Deckel von der Schüssel. Dann wird der Teig zusammengeschlagen, der Deckel geschlossen und die Schüssel wieder in warmes Wasser gestellt. Je öfter dieser Vorgang wiederholt wird (mindestens aber 2—3 mal), desto feiner wird der Teig. Höhere Wassertemperatur verkürzt die Zeit des Teigaufgehens.*

## Maschinelle Teigbereitung

Dies bedeutet eine wesentliche Arbeitserleichterung. Welche Maschine eingesetzt wird, hängt von der Menge ab, die auf einmal gebacken wird, und davon, wie oft gebacken wird.

*Küchenmotor mit Knethaken*

Bei kleineren Teigmengen, die nur im Backrohr gebacken werden, leistet er gute Dienste und ist recht preiswert, da ein Knethaken zu jeder Grundausstattung eines Küchenmotors gehört.

*Knetmaschine*

Der Kauf einer eigenen Knetmaschine ist bei häufigem Brotbakken in größeren Mengen durchaus gerechtfertigt, so zum Beispiel in großen Familien, in einer Buschenschenke, in bäuerlichen Fremdenverkehrsbetrieben, wo selbstgebackenes Brot sehr gut abgesetzt werden kann.

Teigknetmaschinen sind in der Anschaffung meist sehr teuer und bringen oft nicht die gewünschte Leistung.

## Methoden der Teigbereitung

Der Sauerteig wird zu Mittag in lauwarmem Wasser eingeweicht und am Abend in das Mehl eingedampfelt. Am nächsten Morgen werden die Zutaten vermischt, der Teig wird im Backtrog gut durchgeknetet und die Teigoberfläche glattgestrichen. Dazu taucht man die Hände in lauwarmes Wasser, um ein Kleben des Teiges zu vermeiden. Zum Aufgehen bleibt der Teig im Backtrog. Dies ist die gebräuchlichste Art der Teigbereitung.

Eine weitere Methode unterscheidet sich von der oben erwähnten nur dadurch, daß der Teig nach dem Vermischen im Backtrog in kleinen Portionen auf der Arbeitsfläche gut durchgeknetet, sofort geformt und anschließend in die vorbereiteten Formen zum Aufgehen gegeben wird.

Eine dritte Möglichkeit der Teigbereitung besteht darin, daß bereits zu Mittag der Sauerteig in das Mehl eingedampfelt wird. Am Abend wird der Teig mit kaltem Wasser zubereitet und über Nacht in einem nicht zu warmen Raum zum Aufgehen gebracht. Am nächsten Morgen wird der Teig weiterverarbeitet.

# Ausformen des Brotteiges

Ist der Teig genug gegangen, kann mit dem Formen der Brote begonnen werden. Als Richtwert gilt die Verdoppelung des Teigvolumens. Die Dauer des Aufgehens hängt von verschiedenen Faktoren, wie zum Beispiel der Temperatur der Flüssigkeit und der übrigen Zutaten, der Raumtemperatur, der Menge und der Art der Teiglockerungsmittel, ab. Beim Ausformen sollte nur soviel Mehl eingearbeitet werden, wie unbedingt erforderlich ist, da die Brotqualität sonst beeinträchtigt wird.

## Formen der Kastenbrote

Bei großen Teigmengen wird der Brotteig bereits im Backtrog in quaderförmige Stücke geteilt. Diese hebt man vorsichtig mit einer Bratenschaufel auf die bemehlte Arbeitsfläche und dreht die Unterseite nach oben. Nun bemehlt man die Hände, bringt dieses Teigstück in eine gleichmäßige Quaderform und legt es in die befettete Kastenform, wobei die ursprüngliche Oberseite wieder nach oben gewendet wird.

Bei kleinen Teigmengen wird der gesamte Brotteig mit der Oberseite nach unten auf die bemehlte Arbeitsfläche gestürzt und in gleichmäßige Stücke geteilt. Mit bemehlten Händen werden die einzelnen Teigstücke in eine Quaderform gebracht und mit der Unterseite nach oben in die befettete Kastenform gegeben.

Die Kastenformen sollen nur bis ca. 1 cm unter den Rand gefüllt werden, da der Teig beim Aufgehen an Volumen zunimmt. Weiters ist darauf zu achten, daß beim Einlegen in die

Form möglichst keine Sprünge an der Oberfläche entstehen, denn diese würden sich beim Aufgehen vergrößern und das fertige Brot hätte eine unansehnliche Rinde.

## Formen der Laibe und Wecken

Beim Formen auf der Arbeitsfläche wird diese bemehlt und das Teigstück mit in Mehl getauchten Händen so lange entsprechend geformt, bis eine glatte Oberfläche entsteht. Anschließend wird der Laib oder Wecken mit der schöneren Seite nach unten in das bemehlte Brotkörberl, das „Simperl", gelegt.

Beim Formen im Weitling wird das Teigstück in das bemehlte Gefäß gelegt und die Oberfläche mit einer Teigkarte glattgestrichen. Nun bewegt man den Weitling, bis sich der Teig zu drehen beginnt und an der Unterseite glatt ist. Dann dreht man den Teig um und wiederholt diesen Vorgang. Ist der Teig auf beiden Seiten geglättet, wird er in das vorbereitete Brotkörberl gelegt.
Wird nur ein Laib oder Wecken gebacken und hat man kein Brotkörberl, so wird das geformte Teigstück mit der schönen Seite nach oben auf ein befettetes Blech gelegt. In allen Fällen läßt man die geformten Brotteige ca. 45 Minuten aufgehen.

## Andere gebräuchliche Brotformen

Außer den oben erwähnten Brotformen können noch andere Formen, wie zum Beispiel Laibchen, Weckerln, Fladen, Striezel, Stangerln, Kipferln, Brezeln oder Zöpfe, hergestellt werden.

Die Teigbeschaffenheit bestimmt die Form des Brotes. Für Laibe und Wecken darf der Teig nicht zu weich sein, da diese Formen sonst auseinanderfließen. Für Kleingebäck soll der Teig mittelfest bis eher fest sein. Ein weicher Teig läßt sich nicht nur schwer formen, sondern bleibt überdies an Händen und an der Arbeitsfläche kleben. Allenfalls läßt sich ein weicherer Teig noch zu Kastenbrot verarbeiten.

# Das Backen

Ist in einem Haushalt auch kein eigener Brotbackofen vorhanden, so kann man trotzdem kleinere Mengen im Backrohr eines Küchenherdes herstellen. Bei größeren, regelmäßig anfallenden Brotmengen ist natürlich ein eigens dafür angeschafftes Gerät praktischer, dessen Rentabilität sich noch steigern läßt, indem man die Restwärme zum Backen von Weißbrot und zum Trocknen von Obst nützt.

## Brotbacköfen

Für eine gute Brotqualität ist es wichtig, daß der Backofen tadellos funktioniert, denn Brotfehler können auch auf einen schlechten Backofen zurückzuführen sein. Als Energiequelle dient entweder Strom oder Holz.

### Elektrobacköfen

Sie sind einfach zu bedienen, platzsparend und zur Herstellung von 2, 4, 6 oder 8 Brotlaiben ausgestattet.

Elektrische Brotbacköfen werden ca. 1 Stunde vor dem Einschießen des Brotes eingeschaltet. Vorgeheizt wird sowohl für Laibe als auch für Kastenbrote bei 300° C Ober- und Unterhitze. Ist die gewünschte Temperatur erreicht, schaltet der Thermostat automatisch ab. Der Innenraum ist an der Unterseite mit Schamotteziegeln ausgelegt und speichert in diesem Bereich die Wärme, weshalb man beim Backvorgang die Unterhitze früher als die Oberhitze ausschaltet.

Elektrobacköfen haben eine Schwadenanlage eingebaut. Sofort nach dem Einschießen wird in den Schwellbecher Wasser eingefüllt, welches im Innenraum des Backofens verdampft. Nach 10 Minuten wird der Schwadenabzug geöffnet, damit der Wasserdampf entweichen kann. Eine genaue und detaillierte Bedienungsanleitung liegt jedem neuen Gerät bei.

Vorteile des Elektrobackofens: einfache Bedienung, sauberes Heizen, geringer Arbeitsaufwand. Nachteil: Stromausfall während des Backens kann zum Mißlingen des Brotes führen.

### Holzbacköfen

Backöfen, die mit Holz beheizt werden, stehen entweder fix an einem bestimmten Platz (gesetzter Ofen), sind aber auch als Standöfen (beliebig aufstellbar) erhältlich.

Das Anheizen erfolgt meist kurz vor oder nach dem Kneten des Brotteiges. Ist das Holz abgebrannt, wird die Glut gleichmäßig verteilt und der Ofen abgesperrt. Kurz vor dem Einschießen werden die Glutreste entfernt, der Ofen wird ausgekehrt und mit einem feuchten Tuch ausgewischt. All diese Vorgänge erfordern viel Zeit und ein gewisses Maß an Erfahrung.

Vorteile des Holzbackofens: Heizmaterial immer vorhanden; das Brot gerät in einem Holzbackofen sehr schön und wohlschmeckend.

Nachteile: hoher Arbeitsaufwand, Verschmutzung durch Brennmaterial und Asche, Erfahrung im Umgang mit dem Ofen unbedingt erforderlich.

## Das Brot wird eingeschossen

Ist der Brotteig in den Körben oder Formen genug gegangen und der Ofen bereits vorgeheizt, kann mit dem Einschießen begonnen werden.

Kastenbrote werden in den Formen gebacken. Die Oberfläche kann mit lauwarmem Wasser bestrichen werden.

Laibe und Wecken werden aus den Körben, und zwar mit der Oberseite nach unten, auf die Ofenschaufel gelegt. Das anhaftende Mehl wird mit einem Mehlbesen abgekehrt.

Mit der Ofenschaufel werden die Laibe und Wecken in den Backofen geschoben, wobei zwischen den einzelnen Broten ein Abstand von ca. 5—10 cm bleiben soll.

### Befeuchten des Brotes

Mit der Hand oder mit einem Pinsel bestreicht man die Oberfläche der Laibe und Wecken mit lauwarmer Milch oder lauwarmem Wasser. Wenn der Teig sehr weich ist, unterbleibt das Befeuchten, da sonst das Backgut auseinanderfließen könnte. Die Feuchtigkeit hält die Rinde elastisch und der Teig kann aufgehen, ohne daß sie springt. Außerdem entsteht dadurch ein schöner Glanz.

Um der Feuchtigkeit, die während des Backens entsteht, Austrittsmöglichkeit zu geben, werden Laibe und Wecken an der Oberfläche mit leichten Schnitten versehen oder mit dem Finger angestochen. Auch damit verhindert man ein Aufplatzen der Rinde.

Ist die Wärmeverteilung in einem Backofen ungleichmäßig, muß man während des Backvorganges die Laibe und Wecken mit der Ofenschaufel „umschießen" (sie also untereinander austauschen), um einwandfreies Brot zu erhalten.

### Backdauer

Die Backzeit hängt von folgenden Faktoren ab:

— von der Form des Brotes: Wecken kürzer, Kastenbrote länger als Laibe
— von der Größe und Höhe des Brotes
— vom Ausmahlungsgrad des Mehles: Brote aus dunklem Mehl brauchen länger (z. B. Vollkorn- und Schrotbrote)
— vom Teiglockerungsmittel: Lockere Brote haben eine kürzere Backzeit
— von der Festigkeit des Teiges: Brote aus weicheren Teigen sind in kürzerer Zeit fertiggebacken
— von der Backtemperatur: Bei niedrigeren Temperaturen ist die Backdauer länger, bei höherer kürzer

Im allgemeinen gelten folgende Backzeiten für die verschiedenen Arten von Gebäcken:

| | |
|---|---|
| Wecken .... | ¾ — 1¼ Stunden, |
| Laibe ...... | 1 — 1½ Stunden, |
| Kastenbrote . | 1½ — 2 Stunden, |
| Gebäck ..... | 15 — 30 Minuten. |

*Gewichtsverlust beim Backen*

| Form | vor dem Backen | nach dem Backen | Verlust |
|---|---|---|---|
| Laib | 2,20 kg | 1,79 kg | 41 dag = 18 % |
| Kastenform aus Weißblech, groß | 1,19 kg | 1,02 kg | 17 dag = 14 % |
| Kastenform aus Weißblech, klein | 0,85 kg | 0,73 kg | 12 dag = 14 % |
| Kastenform aus glasiertem Ton | 1,32 kg | 1,16 kg | 16 dag = 12 % |

### Brotbacken im Backrohr

Brot kann sowohl im Backrohr eines normalen Elektroherdes oder eines Herdes mit festen Brennstoffen als auch im Heißluftherd oder im Gasherd gebacken werden.

Damit das Brot an der Oberfläche nicht zu stark austrocknet, ist es vorteilhaft, einen Topf mit Wasser in das Backrohr zu stellen. Im Backrohr eines normalen E-Herdes können 3 Kastenformen oder 2 Wecken oder 1 Laib auf einmal gebacken werden.

In einem Heißluftbackrohr kann die doppelte Menge Brot auf einmal gebacken werden. Bei Gebäck können drei Backbleche eingeschoben werden.

## Praktische Behelfe beim Selberbacken

Wie schon aus den Arbeitsanleitungen hervorgeht, gibt es einige praktische Behelfe zum Brotbacken, deren Anschaffung man sich durchaus überlegen sollte.

### Backtrog

Werden in einem Haushalt oft größere Brotmengen gebacken, so lohnt sich ein eigener Backtrog. Er ist aus glatt gehobeltem Holz gefertigt, damit keine Späne in den Brotteig gelangen. Weiters muß der Trog wasserdicht und fugenlos sein, damit sich keine Teigreste zwischen den einzelnen Brettern festsetzen können. Diese würden die Reinigung sehr erschweren und außerdem würden sich dort Insekten und Würmer einnisten.

Vollkornbrot mit Leinsamen und Sesam — Rezept S. 50

Schrotbrot — Rezept S. 49

Im Backtrog können alle Zutaten für das Brot ideal vorbereitet werden. Wird der Brotteig mit der Hand geknetet, erfolgt auch dies im Backtrog. Wird er hingegen maschinell verarbeitet, so kann der Teig zum Aufgehen wieder in den Trog gegeben werden. Nach jeder Benützung ist der Backtrog gründlichst von allen Teigresten zu säubern, damit er nicht zum Anziehungspunkt für alle Arten von Schädlingen wird.

### Weitling

Laibe und Wecken kann man im Weitling gut ausformen. In manchen Haushalten, in denen schon sehr lange Brot gebacken wird, ist noch eine eigene Schüssel aus Holz für das Ausformen zu finden.

### Brotkörbe und Kastenformen

Den geformten Brotteig läßt man in Brotkörben und Kastenformen aufgehen. Brotkörbe sind rund oder oval und aus Stroh gearbeitet. Vor dem Verwenden müssen sie bemehlt werden, damit der Brotteig nicht anklebt. Nach jedem Gebrauch sollen die „Simperln" gut ausgeklopft werden. Man kann sie auch mit einem sauberen Geschirrtuch auslegen, um sie leichter sauber halten zu können. Für viereckige Brote verwendet man Kastenformen. Sie sind aus Weiß- oder Schwarzblech oder aus glasiertem Ton hergestellt. Das Brot bleibt während des Backvorganges in diesen Formen.

Die Formen sollen gut befettet werden, damit sich das fertige Brot ohne Schwierigkeiten herausstürzen läßt. In Kastenformen kann mengenmäßig mehr Brot auf einmal gebacken werden als bei der Erzeugung von Brotlaiben. Der Teig kann in den Formen auch nicht auseinanderfließen, falls er beim Kneten zu weich geraten ist.

### Ofenschaufel

Dieses Gerät benötigt man zum Einschießen der backfertigen Brotlaibe und Wecken besonders bei größeren Backöfen. Es besteht aus einem ca. 2 m langen Stiel, an dessen Ende eine glatte, runde Fläche aus Holz mit einem Durchmesser von ca. 35 cm angebracht ist. Auf einer Seite ist sie etwas abgeflacht.

Mit der Ofenschaufel oder Ofenschüssel, wie sie auch in manchen Gegenden bezeichnet wird, ist es ohne Schwierigkeiten möglich, den gesamten Innenraum eines Backofens mit Brot zu beschicken. Auch das Herausnehmen des fertiggebackenen Brotes läßt sich mit solch einer Schaufel leicht bewerkstelligen.

**Wie behandelt man das Brot nach dem Backen?**

Das Brot ist gar, wenn die vorgeschriebene Backzeit beendet ist und die nachfolgend beschriebene Prüfung zufriedenstellend ausfällt.

Die Backprüfung besteht aus der Gewichts- und Klopfprobe. Durch den Flüssigkeitsverlust beim Backen verliert das Brot je nach Art des Teiges 12 % bis 18 % seines ursprünglichen Gewichtes, was durch Nachwiegen leicht zu überprüfen ist (siehe auch Tabelle auf Seite 34). Klopft man auf die Unterseite des Brotes, so ergibt dies einen dumpfen, tiefen Ton. Bei nicht fertig gebackenem Brot ist der Ton wesentlich heller.

Auch das fertige Brot kann an der Oberfläche mit lauwarmem Wasser bestrichen werden, wodurch die Rinde noch glänzender wird.

Das Auskühlen des Brotes soll in temperierten Räumen erfolgen. Ein zu starker Temperaturunterschied (vom heißen Backofen in einen kalten Raum) sollte möglichst vermieden werden, weil das Brot sonst leicht zusammenfallen könnte.

**So wird das Brot richtig aufbewahrt**

Zur Brotqualität trägt auch die richtige Lagerung bei. Brot soll in entsprechend temperierten und nicht zu trockenen Räumen aufbewahrt werden. Ein zu feuchter Raum würde allerdings die Schimmelbildung fördern.

Früher hatte man sogenannte „Brothäng“ oder „Brotleitern“. Dies ist ein idealer Aufbewahrungsort für kurzfristige, etwa 1—2 Wochen dauernde Lagerung. In Vorratsräumen, die — wie etwa die Küche — zu trocken und zu warm sind, trocknet das Brot sehr rasch aus. In Räumen, die nur eine Temperatur von 0° C aufweisen, wird das Brot auch in allerkürzester Zeit altbakken. Dies gilt auch für die Lagerung im Kühlschrank. Wurden größere Brotmengen auf einmal gebacken, kann das nicht verwendete Brot tiefgekühlt werden. Dafür eignet es sich sehr gut und zeigt selbst nach mehreren Wochen keine Veränderung. Tiefgekühltes Brot sollte man nur langsam auftauen, während rasches Erwärmen im Backrohr eine Ausnahme bleiben sollte.

Brot aus Vollkornschrot weist nach dem Einfrieren eine bröselige Schnittfläche auf. Je mehr Schrot das Brot enthält und je gröber er vermahlen ist, desto intensiver macht sich dies bemerkbar. Durch Beimengen von feinem Mehl läßt sich die bröselige Schnittfläche weitgehend verhindern.

Auch die verschiedensten Gebäckarten lassen sich ausgezeichnet tiefkühlen. Man kann das Gebäck noch in tiefgefrorenem Zustand im Backrohr bei ca. 150° C auftauen, wodurch es ganz frisch schmeckt. Es muß allerdings kurz danach verbraucht werden, da es sehr rasch austrocknet und dann erst recht altbacken schmecken würde.

# Brotfehler und ihre Ursachen

Leider gelingt das Brot nicht immer so, wie man es sich vorstellt. Zum Mißlingen können verschiedene Faktoren beitragen. Denn oft kommt es vor, daß trotz gleicher Zutatenmenge und gleicher Arbeitsweise das Ergebnis „anders“ ausfällt. Die Ursachen für etwaige Fehler können in den Zutaten, bei der Teigbereitung, beim Backen oder auch bei der Aufbewahrung liegen.

## Schlechte Mehlqualität

### Ausgewachsenes Getreide

Mehl aus solchem Getreide hat schlechte Kleber- und Stärkequalität. Gegenmaßnahme: Weizenmehlanteil erhöhen bzw. Mehlsorte wechseln.

### Unvollständig ausgereiftes Getreide

Unreifer Kleber und schlechte Stärkequalität dieses Mehles führen zu verminderter Backfähigkeit. Zu frisches Mehl kommt häufig in den Sommermonaten und im Herbst vor. Es bewirkt das sogenannte Nachlassen des Teiges, wobei das Wasser zuerst wohl aufgenommen, aber während des Aufgehens wieder abgegeben wird, wodurch der Teig weicher wird. Gegenmaßnahme: Bei der Teigbereitung weniger Wasser verwenden, nachträglich Mehl einarbeiten.

### Schädlingsbefall des Getreides

Auch hier vermindern geringer Kleber- und Stärkegehalt die Backfähigkeit. Die Schädlinge fressen den Mehlkörper im Getreidekorn teilweise oder ganz auf. Derartiges Getreide sollte für die menschliche Ernährung nicht mehr verwendet werden.

## Fehler in der Teigbereitung

### Zu weicher Teig

Der Brotteig geht sehr rasch auf, klebt sehr stark beim Ausformen, Laibe und Wecken fließen beim Backen auseinander und lassen sich schwer durchbacken.

### Zu fester Teig

Der Brotteig geht schlecht auf, das Resultat ist trockenes Brot, dessen Anschittfläche stark bröselt und eine gesprungene Rinde aufweist.

## „Schönheitsfehler“

### Rindenfehler

*Risse in der Rinde* können entweder durch zu geringes Aufgehen, durch mindere Mehlqualität und durch falsche Teigbereitung, aber auch durch zuviel oder zuwenig Dampf oder zu hohe Backtemperaturen entstehen.

*Abheben der Rinde* wird oft durch schlechte Mehl- bzw. Teigqualität oder ebenso durch einen nicht einwandfrei funktionierenden Ofen verursacht.

### Krumenfehler

*Speckiges Brot* kann entweder auf zuviel Teiglockerungsmittel, auf zu kalte Zutaten, zu weichen Teig, zu langes Aufgehen wie auch auf falsche Backtemperatur zurückzuführen sein.

*Grobporiges Brot* bedeutet meist zu alten Sauerteig, zuwenig durchgekneteten Teig oder zu langes Aufgehen.

*Trockenes und bröseliges Brot* entsteht in der Regel durch zu festen Teig, durch nicht einwandfreien Sauerteig bzw. durch zu lange Backzeit. Bei Schrotbrot deutet dieser Umstand auf zu hohen Schrotanteil hin (tritt bei dieser Brotart vor allem nach dem Tiefkühlen auf).

## Geschmacksfehler

### Saurer Geschmack

Dieser wird durch alten, übersäuerten oder auch nur durch zuviel Sauerteig hervorgerufen.

### Hefegeschmack

Ursachen dieser Geschmacksbeeinträchtigung sind meist zuviel Hefe oder schlecht durchgebackenes Brot.

### Bitterer Geschmack

Die Fehlerquelle ist entweder in zu langer Backzeit oder in verbrannter Rinde zu suchen, die bei zu hoher Backtemperatur entsteht.

### Muffiger Geschmack

Schlechte oder falsche Lagerung des Backgutes führt zu dieser Qualitätsminderung.

### Schimmeliger Geschmack

Unsachgemäße Lagerung in luftarmen, feuchten und warmen Räumen oder Behältern ist die ideale Voraussetzung für die Entwicklung des Schimmels, der meist in den Sommermonaten auftritt. Der Schimmelbefall muß noch gar nicht erkennbar sein, doch kann das Brot trotzdem bereits verdorben sein. Da manche Schimmelarten krebserregend wirken können, darf verschimmeltes Brot nicht mehr gegessen werden.

# Ist Selberbacken wirtschaftlich?

Wenn man Brot selber backt, soll sich diese zusätzliche Arbeit ja auch bezahlt machen. Eines steht jedenfalls fest: Durch überlegten Einkauf der Zutaten kann die Rentabilität wesentlich erhöht werden. So lohnt sich vor allem bei Gewürzen der Einkauf größerer Mengen, wie ein Beispiel aus der Praxis beweist.

Für 33 g Kümmel werden S 6,— verlangt, was einem Kilopreis von S 180,— entspricht. Im selben Geschäft kostet die ¼ kg-Packung S 22,50, womit obiger Kilopreis um die Hälfte reduziert wird.

Nicht selten wird in einem bäuerlichen Betrieb das gesamte Getreide verfüttert und das Mehl zugekauft. Dem kann man abhelfen, indem man das eigene Getreide zumindest teilweise zur Herstellung von Vollkornbrot verwendet.

Weitere Grundsätze der Rentabilität sind rationelles Arbeiten sowie vor allem gezielter Energieeinsatz, wie dies schon eingehend besprochen wurde.

Berechnungen, die nach den Kosten von Zutaten, Arbeitszeit, Amortisation der Geräte sowie dem Energieverbrauch erstellt sind, brachten folgendes globale Ergebnis:

- Spezialbrote können im eigenen Haushalt meist billiger hergestellt werden,
- Roggenbrot und Mischbrot unterscheiden sich im Preis kaum von gewerblich erzeugtem Brot. Allerdings sollte man dabei die Möglichkeit der individuell unterschiedlichen Herstellung berücksichtigen und die persönliche Initiative der Hausfrau mitbewerten.

# Rezepte

Die nachfolgenden Rezepte können sehr leicht abgeändert werden. Backwaren, in denen Vollkornmehl und Auszugsmehl vorkommen, können auch nur mit Vollkornmehl oder nur mit Auszugsmehl zubereitet werden. Es müssen nur Flüssigkeitsmenge, Backtemperatur und Backzeit berücksichtigt werden.

Wenn bisher nur Brot und Gebäck mit Auszugsmehl gebacken wurde, so sollte nicht von heute auf morgen auf „nur" Vollkornmehl umgestellt werden, da sich viele erst daran gewöhnen müssen. Es bedeutet für den Körper eine Umstellung. Backwaren aus Vollkornmehl bzw. -schrot könnten sonst abgelehnt werden. Eine Möglichkeit der langsamen Umstellung besteht darin, daß ein Teil des Auszugsmehles bzw. des Brotmehles durch Vollkornmehl oder -schrot ersetzt wird. Der Vollkornanteil könnte langsam gesteigert werden.

Die *Flüssigkeitsmenge* aller Rezepte ist immer mit dem Hinweis „ca." angegeben, weil der Flüssigkeitsbedarf bei der Teigbereitung nicht immer gleich ist. Mehle mit einem höheren Klebergehalt bzw. Mehle mit einem hohen Anteil an Zellulose nehmen mehr Flüssigkeit auf. Eine durchschnittliche Grundmenge für einen mittelfesten Teig pro kg Mehl ist ½ Liter Flüssigkeit.

Schwierig ist auch die Angabe der *Backtemperaturen* und der *Backzeiten*. Die Backrohrtemperatur hängt unter anderem von der Stromversorgung ab. Zu einem Zeitpunkt, da viele Elektrogeräte in Betrieb sind, könnte es sein, daß die eingestellte Temperatur nur schwer erreicht wird.

Die Backzeit hängt von der Festigkeit des Teiges ab. Vollkornbrote haben auch eine längere Backzeit als Brote aus Auszugsmehlen. Weiters sind Größe bzw. Höhe des Brotes oder Kleingebäckes für die Backzeit entscheidend.

## Hausbrot und andere Spezialitäten

**Bauernbrot** (Menge für 1 Laib)

Zutaten:

*1 kg Roggenmehl (Type 960), 30 dag Weizenmehl (Type 700), 5 dag Germ, 1 Eßlöffel Salz, 1 Eßlöffel Gewürze (Kümmel, Anis, Fenchel, Koriander), ca. ⅝ l lauwarmes Wasser.*

Zubereitung:

Roggen- und Weizenmehl in eine Schüssel geben. Germ einbröseln und würzen. Alle Zutaten vermischen, Wasser dazugießen, bis ein mittelfester Teig entsteht. Den Teig gut durchkneten, die Oberfläche glattstreichen und zugedeckt an einem warmen Ort aufgehen lassen.

Wenn sich das Teigvolumen verdoppelt hat, wird ein Laib geformt, den man im Brotkörberl nochmals aufgehen läßt. Das Blech befetten und das Backrohr auf 250° vorheizen. Den Laib vorsichtig auf das Blech stürzen und die Oberfläche des Laibes mit lauwarmem Wasser bepinseln. Backzeit: ca. 1—1½ Std.

Sobald der Laib goldbraun ist, das Backrohr auf 180° zurückschalten. In der letzten Viertelstunde der Backzeit das Backrohr ganz ausschalten.

Wenn die Oberfläche des fertiggebackenen Laibes sehr hart ist, die noch heiße Rinde des Laibes mit Wasser bepinseln.

**Bauernbrot** (Menge für 6 Laibe)

Zutaten:

*10 kg Roggenmehl (Type 960), 3 kg Weizenbrotmehl (Type 1600), 50 dag Sauerteig, 8 dag Germ, 20 dag Salz, ca. 6 gehäufte Eßlöffel Brotgewürz (Kümmel, Anis, Fenchel, Koriander), lauwarmes Wasser (insgesamt ca. 7—8 l).*

Zubereitung:

Den Sauerteig mittags (einige Stunden vor dem Eindampfeln) in lauwarmem Wasser einweichen.

Am Abend das Roggen- und Weizenbrotmehl in den Backtrog sieben. Den eingeweichten Sauerteig möglichst klumpenfrei auflösen und in der Mitte des Mehles in eine Grube seihen. Beim Eindampfeln soviel Mehl einrühren, daß ein dickflüssiger Brei entsteht. Den Backtrog über Nacht zudecken.

Am nächsten Morgen wird der Teig bereitet. Mehl salzen und würzen. Germ einbröseln oder mit Wasser auflösen und dazugeben. Nun alle Zutaten vermischen und Wasser dazugießen, bis ein mittelfester Teig entsteht. Den Teig gut durchkneten und zugedeckt aufgehen lassen.

Wenn sich das Teigvolumen verdoppelt hat, Laibe formen, in Körberl geben und ca. 45 Minuten aufgehen lassen. Den Elektrobackofen auf 300° vorheizen. Vor dem Einschießen die Oberfläche des Teiges mit drei Schnitten versehen und waschen (vorausgesetzt der Teig ist nicht zu weich).

Sobald die Laibe eingeschossen sind, in den Schwellbecher 1/16 l Wasser füllen. Nach ca. 10 Minuten den Schwadenabzug öffnen und die Unterhitze ausschalten. Nach weiteren 20 Minuten die Oberhitze ausschalten.

Backzeit: 1—1½ Std.

**Bauernbrot** (Menge für 2 Wecken)

Zutaten:

*1,25 kg Roggenmehl (Type 960), 50 dag Weizenmehl (Type 700), 1 Eßlöffel Sauerteig, 2 dag Germ, 3 dag Salz, 1 Eßlöffel Brotgewürz (Kümmel, Fenchel, Anis, Koriander), ca. 1 ¼ l lauwarmes Wasser.*

Zubereitung:

Den Sauerteig in ca. ¼ l lauwarmem Wasser auflösen. Das Mehl vorbereiten. Den aufgelösten Sauerteig in der Mitte des Mehles eindampfeln. Zugedeckt einige Stunden oder über Nacht stehen lassen.

Germ einbröseln, Salz und Brotgewürz dazugeben und mit dem Mehl vermischen. Wasser dazugießen und mit den übrigen Zutaten zu einem mittelfesten Teig verarbeiten, den man gut durchknetet. Die Oberfläche glatt streichen und zugedeckt aufgehen lassen, bis sich das Teigvolumen verdoppelt hat. Zwei Wecken formen, die man auf einem befetteten Blech ca. ¾ Std. aufgehen läßt. Im vorgeheizten Backrohr anfangs bei 250° backen. Sobald die Oberfläche der Wecken goldbraun ist, die Backtemperatur auf 180° zurückschalten. Backzeit ca. 1 Stunde.

**Vollkornbrot** (Menge für 4 Laibe)

Zutaten:

*4 kg Roggenvollmehl, 1,5 kg Weizenvollmehl, 1,5 kg Weizenmehl (Type 700), 7 dag Germ, 40 dag Sauerteig, 7 gestrichene Eßlöffel Salz, Brotgewürze (Kümmel, Anis, Fenchel, Koriander), ca. 4½ l lauwarmes Wasser.*

Zubereitung:

Sauerteig zu Mittag in lauwarmem Wasser einweichen. Das Mehl vorbereiten. Am Abend in der Mitte des Mehles den aufgelösten Sauerteig eindampfeln. Über Nacht zudecken. Am nächsten Morgen die Germ in das Mehl bröseln. Salz und Gewürze dazugeben und mit dem Mehl vermischen. Wasser dazugießen und daraus einen mittelfesten Teig bereiten und gut durchkneten, dann die Oberfläche glatt streichen (Hände dabei in lauwarmes Wasser tauchen). Zugedeckt läßt man den Teig aufgehen, bis sich sein Volumen verdoppelt hat. Laibe formen und in den Körberln aufgehen lassen. Im vorgeheizten Backofen ca. 1½ Std. backen.

**Leinsamenbrot** (Menge für 3 Kastenformen)

Zutaten:

*1,75 kg Roggenmehl (Type 960), 50 dag Weizenmehl (Type 700), 9 dag Germ, 15 dag Leinsamen, 2 gestrichene Eßlöffel Salz, 3 Eßlöffel Gewürze (Kümmel, Anis, Fenchel, Koriander), ca. 1¼ l Wasser.*

Zubereitung:

Mehl in eine Schüssel geben. Germ einbröseln und mit dem Mehl vermischen. Leinsamen mit ca. ¼ l heißem Wasser übergießen — Wasser abseihen. Salz, Gewürze und Leinsamen zum Mehl geben und vermischen. Lauwarmes Wasser dazugießen und zu einem mittelfesten Teig verarbeiten, den man gut durchknetet. Die Oberfläche glattstreichen und den Teig zugedeckt an einem warmen Ort aufgehen lassen, bis sich das Volumen verdoppelt. Die Kastenformen befetten.

Den Teig auf die bemehlte Arbeitsfläche geben und in drei gleichgroße Stücke teilen. Diese bringt man in eine Quaderform und gibt sie in die vorbereiteten Kastenformen. Sie sollen aber höchstens bis 1 cm unter dem Rand gefüllt werden, da der Teig durch das nochmalige Aufgehen an Volumen zunimmt.

Im vorgeheizten Backrohr bei 250° backen. Sobald das Brot an der Oberfläche eine goldbraune Farbe hat, wird das Backrohr auf 180° zurückgeschaltet. In der letzten Viertelstunde der Backzeit das Backrohr eventuell ganz ausschalten.

Backzeit: ca. 1½ Std.

**Leinsamenbrot** (Menge für 1 Laib)

Zutaten:

*1,50 kg Roggenmehl (Type 960), 0,50 kg Weizenmehl (Type 700), 1 Eßlöffel Sauerteig, 2 dag Germ, 2 gestrichene Eßlöffel Salz, 1 Eßlöffel Brotgewürz (Kümmel, Fenchel, Anis, Koriander), 15 dag Leinsamen, ca. 1½ l lauwarmes Wasser.*

Zubereitung:

Den Sauerteig in ca. ¼ l lauwarmem Wasser auflösen. Leinsamen in ca. ¼ l warmem Wasser einweichen und aufquellen lassen.
Das Mehl vorbereiten, den Sauerteig in eine Grube in der Mitte des Mehles seihen und mit etwas Mehl verrühren. Zugedeckt einige Stunden oder über Nacht stehen lassen. Germ einbröseln. Salz, Brotgewürz und eingeweichten Leinsamen zum Mehl geben und vermischen. Das restliche Wasser dazugießen und zu einem mittelfesten Teig verarbeiten. Wenn der Teig gut durchgeknetet ist, die Oberfläche des Teiges glatt streichen (dabei die Hand in lauwarmes Wasser tauchen). Den Teig läßt man zugedeckt aufgehen, bis sich das Volumen verdoppelt hat. Einen Laib formen, den man in einem bemehlten Brotkörberl oder auf einem Blech ca. ¾ Std. aufgehen läßt. Das Backrohr auf 250° vorheizen. Backzeit: ca. 1½ Std. Sobald der Laib eine goldbraune Farbe hat (nach ca. 20—30 Minuten), das Backrohr auf 180° zurückschalten. In der letzten Viertelstunde der Backzeit das Backrohr ganz ausschalten.

**Haidegger Leinsamenbrot** (Menge für 6 Laibe)

Zutaten:

*7 kg Roggenmehl (Type 960), 3 kg Weizenbrotmehl (Type 1600), 50 dag Sauerteig, 6—8 dag Germ, 20 dag Salz, Brotgewürze (Kümmel, Anis, Fenchel, Koriander), 50 dag Leinsamen, ca. 6—7 l lauwarmes Wasser.*

Zubereitung:

Sauerteig zu Mittag in lauwarmem Wasser einweichen. Am Abend das Mehl in den Backtrog sieben und den aufgelösten Sauerteig eindampfeln. Den Backtrog zudecken. Den Leinsamen in ca. 1 l Wasser einweichen.
Am nächsten Morgen die Germ in das Dampfl bröseln. Mehl salzen und würzen. Den eingeweichten Leinsamen zum Mehl geben und die übrigen Zutaten trocken vermischen. Wasser dazugießen und daraus einen mittelfesten Teig bereiten, den man gut durchknetet. Zugedeckt aufgehen lassen, bis sich das Teigvolumen verdoppelt hat. Laibe formen, in den Brotkörberln nochmals aufgehen lassen, mit drei Einschnitten versehen und die Oberfläche mit lauwarmem Wasser abwaschen, falls der Teig nicht zu weich ist.

Im vorgeheizten Brotbackofen ca. 1—1½ Std. backen.

**Schrotbrot** (Menge für 3 Kastenformen)

Zutaten:

*¾ kg Roggenschrot grob, ½ kg Weizenschrot fein, ¾ kg Weizenmehl (Type 700), 12 dag Sauerteig, 3 dag Germ, 2 gestrichene Eßlöffel Salz, 3—4 Eßlöffel gemahlene Gewürze (Kümmel, Anis, Fenchel, Koriander), ca. 1—1¼ l lauwarmes Wasser.*

Zubereitung:

Roggen- und Weizenschrot mit ca. ½ l heißem Wasser überbrühen und quellen lassen. Weizenmehl in eine Schüssel geben.

Den Sauerteig in etwas Wasser auflösen und in das Weizenmehl eindampfeln. Nach einigen Stunden bzw. am nächsten Morgen den Teig bereiten. Germ einbröseln, eingeweichten Schrot und die Gewürze dazugeben. Alle Zutaten vermischen. Falls noch zu wenig Flüssigkeit dabei ist, noch etwas Wasser dazugießen.

Wenn der Teig die richtige Festigkeit hat, wird er gut durchgeknetet und dann die Oberfläche glattgestrichen. Zugedeckt an einem warmen Ort aufgehen lassen. Wenn sich das Volumen verdoppelt hat, den Teig in drei gleichmäßige Stücke teilen, formen und in die befetteten Kastenformen geben. Vor dem Backen nochmals aufgehen lassen (ca. ½ bis ¾ Std.).

Im vorgeheizten Backrohr bei 250° backen. Sobald die Kastenbrote eine goldbraune Oberfläche haben, auf 180° zurückschalten. Backzeit ca. 1½ Std.

**Zwiebelbrot** (Menge für 2 Wecken)

Zutaten:
*1 kg Roggenmehl (Type 960), ½ kg Weizenmehl (Type 700), 6 dag Germ, 1 gestrichener Eßlöffel Salz, 3—4 mittelgroße Zwiebeln, 1 Eßlöffel Brotgewürz (Kümmel, Anis, Fenchel, Koriander), ca. ¾ l lauwarmes Wasser, Öl bzw. Schweinefett zum Anrösten, Ei zum Bestreichen.*

Zubereitung:
Zwiebeln schneiden, goldgelb anrösten und auskühlen lassen. In der Zwischenzeit Mehl in eine Schüssel geben, Germ einbröseln. Salz und Gewürze sowie das Wasser dazugeben und mit dem Mehl vermischen. Wenn der Teig die richtige Festigkeit hat (mittelfest), die gerösteten Zwiebeln noch lauwarm unter den Teig kneten. Die Oberfläche des Teiges glatt streichen und zudecken. Den Teig läßt man an einem warmen Ort aufgehen, bis sich das Volumen verdoppelt hat. Zwei Wecken formen, die man auf einem befetteten Blech noch ca. 15 Minuten aufgehen läßt. Die Oberfläche der Wecken mit 2—3 schrägen Schnitten versehen und kurz vor dem Backen mit zerklopftem Ei bestreichen. Im vorgeheizten Backrohr bei 200° ca. 1 Std. backen.

**Vollkornbrot mit Leinsamen und Sesam** (Menge für 2 Wecken)

Zutaten:
*50 dag Roggenvollmehl, 60 dag Weizenvollmehl, 5 dag Germ, 1 gestrichener Eßlöffel Salz, 5 dag geschroteten Leinsamen, 5 dag Sesam, 1 Eßlöffel Brotgewürz (Kümmel, Anis, Fenchel, Koriander), ca. ¾ l lauwarmes Wasser, Ei zum Bestreichen, Sesam zum Bestreuen.*

Zubereitung:

Roggen- und Weizenvollmehl in eine Schüssel geben. Leinsamen, Sesam, Salz und Gewürze mit dem Mehl vermischen. Germ einbröseln und Wasser dazugießen. Daraus einen mittelfesten Teig bereiten, den man durchknetet und aufgehen läßt. Anschließend zwei Wecken oder zwei kleine Laibchen formen, die man auf ein befettetes Blech legt. Die Brote aufgehen lassen, mit zerklopftem Ei bestreichen und mit Sesam bestreuen. Im vorgeheizten Backrohr bei 200° ca. ¾ Std. backen. Die Temperatur eventuell zurückschalten, sobald das Brot eine goldgelbe Farbe hat.

**Vollkornbrot mit Leinsamen und ganzen Getreidekörnern**
(Menge für 2 Wecken)

Zutaten:

*80 dag Roggenvollmehl, 50 dag Weizenmehl (Type 700), 20 dag Weizen, 1 Eßlöffel Sauerteig, 2 dag Germ, 10 dag Leinsamen, 3 dag Salz, 1 Eßlöffel Brotgewürz (Kümmel, Fenchel, Anis, Koriander), ca. 1 l lauwarmes Wasser, Sesam und Leinsamen zum Bestreuen.*

Zubereitung:

Den Weizen in ca. ¾ l Wasser weichkochen und auskühlen lassen. Den Sauerteig in ca. ¼ l lauwarmem Wasser auflösen. Den Leinsamen in ca. ¼ l warmem Wasser einweichen und aufquellen lassen. Das Mehl vorbereiten und den aufgelösten Sauerteig in der Mitte des Mehles eindampfeln. Zugedeckt einige Stunden oder über Nacht stehen lassen.
Germ einbröseln. Brotgewürz, Salz, eingeweichten Leinsamen und die weichgekochten Weizenkörner zum Mehl geben und vermischen. Lauwarmes Wasser dazugießen, sodaß ein mittelfester Teig entsteht. Den Teig gut durchkneten und die Oberfläche glatt streichen. Zugedeckt aufgehen lassen, bis sich das Teigvolumen verdoppelt. Zwei Wecken formen, die man auf einem befetteten Blech ca. ¾ Std. aufgehen läßt. Kurz vor dem Backen die Oberfläche der Wecken mit lauwarmem Wasser bestreichen und mit Sesam und Leinsamen bestreuen.
Im vorgeheizten Backrohr bei 250° backen. Sobald die Oberfläche der Wecken goldbraun ist, die Backtemperatur auf 180° zurückschalten. Backzeit ca. 1 Std.

**Kartoffelbrot** (Menge für 1 Laib)

Zutaten:

*1 kg Roggenmehl (Type 960), 25 dag Weizenmehl (Type 700), 1 Eßlöffel Sauerteig, 2 dag Germ, 1 Eßlöffel Salz, 30 dag gekochte, passierte Kartoffeln, 1 Eßlöffel Brotgewürz (Kümmel, Fenchel, Anis, Koriander), ca. ⅞ l lauwarmes Wasser.*

Zubereitung:

Den Sauerteig in ca. ¼ l lauwarmem Wasser auflösen. Das Mehl in eine Schüssel geben und den aufgelösten Sauerteig in der Mitte des Mehles eindampfeln. Zugedeckt einige Stunden oder über Nacht stehen lassen.
Germ einbröseln. Die gekochten, passierten Kartoffeln sowie Salz und Brotgewürz zum Mehl geben und vermischen. Das restliche Wasser dazugießen und gut durchkneten. Die Oberfläche des Teiges glatt streichen und zugedeckt aufgehen lassen. Wenn sich das Teigvolumen verdoppelt hat, einen Laib formen. Den Laib läßt man in einem bemehlten Brotkörberl ca. ¾ Std. aufgehen.
Das Backrohr auf 250° vorheizen. Den Laib vorsichtig auf das Blech stürzen und ca. 1¼ Std. backen. Sobald der Laib eine goldbraune Farbe hat, wird das Backrohr auf 180° zurückgeschaltet.

**Kürbiskernbrot** (Menge für 2 Wecken)

Zutaten:

*1 kg Roggenmehl (Type 960), ½ kg Weizenmehl (Type 700), 1 gehäufter Eßlöffel Sauerteig, 3 dag Germ, 25 dag geriebene Kürbiskerne, 3 dag Salz, 1—2 Eßlöffel Brotgewürz (Kümmel, Anis, Fenchel, Koriander), ca. ¼ l lauwarmes Wasser (insgesamt).*

Zubereitung:

Das Mehl vorbereiten. Den Sauerteig in etwas lauwarmem Wasser auflösen und in der Mitte des Mehles in eine Grube seihen. In das Sauerteigwassergemisch soviel Mehl einrühren, daß ein dickflüssiger Brei entsteht. Zugedeckt läßt man die Schüssel nun über Nacht bzw. einige Stunden stehen.

Bauernbrot — Rezept S. 45

Kleingebäck — Rezepte S. 59—66

Die Germ einbröseln. Salz, Brotgewürz und geriebene Kürbiskerne zum Mehl geben. Nun alle Zutaten gut durchmischen, Wasser dazugießen und einen mittelfesten Teig bereiten, den man gut durchknetet. Die Oberfläche des Teiges glatt streichen und aufgehen lassen, bis sich das Teigvolumen verdoppelt hat. Aus dem Teig zwei Wecken formen, die man auf dem Blech ca. 30 Minuten aufgehen läßt. Kurz vor dem Backen die Oberfläche der Wecken mit lauwarmem Wasser bestreichen und mit gehackten Kürbiskernen bestreuen. Im vorgeheizten Backrohr anfangs bei 250° backen. Sobald die Wecken eine goldbraune Farbe haben, wird auf 180° zurückgeschaltet. Backzeit ¾ bis 1 Stunde.

**Topfenbrot**

Zutaten:

*50 dag Weizenmehl (Type 480), 2 dag Germ, 1 Kaffeelöffel Salz, 4 dag Fett (Margarine, Butter), 10 dag Topfen, ¼ l lauwarme Milch.*

Zubereitung:

Mehl in eine Schüssel geben, Germ einbröseln und mit dem Mehl vermischen, Salz und passierten Topfen dazugeben. Zerlassenes Fett und die Milch lauwarm beimengen und mit den restlichen Zutaten zu einem Teig verarbeiten. Diesen so lange kneten, bis er sich von der Schüssel und von den Händen löst.

Zugedeckt an einem warmen Ort aufgehen lassen. Wenn sich das Teigvolumen verdoppelt hat, wird ein Wecken geformt. Diesen läßt man auf einem befetteten Blech ca. 30 Minuten aufgehen. Im vorgeheizten Backrohr bei 200° ca. 45 Minuten backen.

**Kräuterbrot**

Zutaten:

*50 dag Weizenmehl (Type 480), 20 dag Roggenmehl (Type 960), 3 dag Germ, 1 Kaffeelöffel Salz, 1 Kaffeelöffel gemahlener Kümmel, ⅜ l lauwarme Milch, 6 dag Fett, Kräuter (z. B. 1 Bund Petersilie, 1 Bund Schnittlauch, Kresse, etwas Kerbel, Estragon, Liebstöckl).*

Zubereitung:

Mehl in eine Schüssel geben, Germ einbröseln und mit dem Mehl vermischen. Die fein geschnittenen Kräuter sowie die übrigen Zutaten dazugeben und einen Teig bereiten, den man gut durchknetet.

Zugedeckt aufgehen lassen, bis sich das Volumen verdoppelt hat. Einen Wecken formen, den man nochmals ca. 20 Minuten aufgehen läßt. Kurz vor dem Backen mit lauwarmer Milch bestreichen. Im vorgeheizten Backrohr bei 190° ca. 45 Minuten backen.

**Pikant gefülltes Kräuterbrot**

Zutaten:

*50 dag Weizenmehl (Type 700), 20 dag Weizenvollmehl, 3 dag Germ, 1 gehäufter Kaffeelöffel Salz, ca. ⅜ l lauwarme Milch.*

*Fülle: 8 dag Fett, 1 Zwiebel, 2 Knoblauchzehen, Kräuter, und zwar Schnittlauch, Petersilie, Kerbel, Dill, Estragon, Liebstöckl, Kresse.*

Zubereitung:

Mehl in eine Schüssel geben, Germ einbröseln und mit dem Mehl vermischen. Salz und Milch dazugeben und zu einem Teig verarbeiten, den man gut durchknetet. Zugedeckt aufgehen lassen, bis sich das Volumen verdoppelt hat.

Den Teig rechteckig ausrollen, mit dem zerlassenen Fett bestreichen und mit den feingewiegten Kräutern bestreuen. Knoblauch und Zwiebel fein hacken und gleichmäßig verteilen. Den Teig am Rand einschlagen und einrollen. Auf ein befettetes Blech legen und nochmals aufgehen lassen. Vor dem Backen an der Oberfläche mehrmals mit einer Gabel einstechen und mit zerklopftem Ei bestreichen. Im vorgeheizten Backrohr bei 190° ca. 45 Minuten backen.

**Buttermilchbrot** (Menge für 2 Wecken)

Zutaten:

*75 dag Weizenmehl (Type 700), 3 dag Germ, 1 gehäufter Teelöffel Salz, 6 dag Fett (Margarine, Butter), ca. ⅜ l Buttermilch.*

Zubereitung:

Mehl in eine Schüssel geben, Germ einbröseln oder ein Dampfl bereiten. Salz, zerlassenes Fett und lauwarme Buttermilch mit dem Mehl vermischen und daraus einen mittelfesten Teig bereiten, den man gut durchknetet und zugedeckt aufgehen läßt. Wenn sich das Volumen verdoppelt hat, den Teig halbieren und daraus 2 Wecken formen, die man auf einem befetteten Blech ca. 15—20 Minuten aufgehen läßt. Kurz vor dem Backen mit lauwarmer Milch oder zerklopftem Ei bestreichen. Im vorgeheizten Backrohr bei 190° ca. 40 Minuten backen.

Dieses Brot ist im Geschmack eher neutral und paßt sehr gut zu Wurst, Schinken, Käse, Topfen usw.

**Einfaches Milchbrot** (zwei Wecken)

Zutaten:

*1 kg Weizenmehl (Type 700), 4 dag Germ, 1 gestrichener Eßlöffel Salz, 10 dag Zucker, 12 dag Fett (Margarine oder Schweinefett), 5/8 l lauwarme Milch.*

Zubereitung:

Mehl in eine Schüssel geben, Germ einbröseln und mit dem Mehl vermischen. Salz und Zucker zum Mehl geben. Fett zerlassen, Milch erwärmen. Fett und Milch lauwarm mit den übrigen Zutaten zu einem mittelfesten Teig verarbeiten, den man gut durchknetet und aufgehen läßt. Wenn sich das Teigvolumen verdoppelt hat, zwei Wecken formen. Die Wecken läßt man auf einem befetteten Blech ca. 30 Minuten aufgehen. Vor dem Backen mit lauwarmer Milch bestreichen. Im vorgeheizten Backrohr bei 190° ca. 3/4 Std. backen.

**Milchbrot** mit Rosinen

Zutaten:

*75 dag Weizenmehl (Type 700), 3 dag Germ, 1 gehäufter Kaffeelöffel Salz, 8 dag Zucker, 10 dag Rosinen, Rum, Vanillezucker, 8 dag Fett (Margarine, Schweinefett), 2 Eier, ca. 3/8 l lauwarme Milch.*

Zubereitung:

Rosinen, Salz, Zucker und Vanillezucker dazugeben und mit dem Mehl in einer Schüssel vermischen. Die Germ einbröseln. Fett zerlassen, Eier zerklopfen, Milch erwärmen. Die flüssigen Zutaten (Eier, Milch, Fett, Rum) lauwarm mit den übrigen Zutaten vermischen. Den Teig gut durchkneten und zugedeckt aufgehen lassen. Wenn sich das Teigvolumen verdoppelt hat, einen Wecken formen. Auf einem befetteten Blech läßt man den Wecken ca. ½ Std. aufgehen. Kurz vor dem Backen den Wecken mit lauwarmer Milch oder mit einem zerklopftem Ei bestreichen. Im vorgeheizten Backrohr bei 190° backen. Backzeit ca. ¾ Std.

**Toastbrot** (1 Kastenform)

Zutaten:

*50 dag Weizenmehl (Type 480), 2 dag Germ, 1 Kaffeelöffel Salz, 6 dag Fett (Butter, Margarine oder Schweinefett), ⅜ l lauwarme Milch.*

Zubereitung:

Das Mehl in eine Schüssel geben, Germ einbröseln und mit dem Mehl vermischen. Salz, zerlassenes Fett und lauwarme Milch dazugeben und zu einem Teig verarbeiten, den man gut durchknetet. Zugedeckt läßt man den Teig aufgehen, bis sich das Teigvolumen verdoppelt hat.

Den Teig in eine befettete Kastenform geben und nochmals ca. ½ Std. aufgehen lassen. Die Oberfläche kurz vor dem Backen mit lauwarmer Milch bestreichen. Im vorgeheizten Backrohr bei 190° ca. ¾ bis 1 Std. backen.

# Kleingebäck

## Mohnweckerln

Zutaten:

*1 kg Weizenmehl (Type 480), 4 dag Germ, 1 gestrichener Eßlöffel Salz, 8 dag Zucker, 10 dag Fett (Margarine, Butter), 2 Dotter, Rum, Vanillezucker, ca. ½ l Milch, Ei zum Bestreichen, Mohn zum Bestreuen.*

Zubereitung:

Mehl in eine Schüssel geben. Germ einbröseln oder ein Dampfl bereiten. Salz, Zucker, Vanillezucker und Rum mit dem Mehl vermischen. Fett zerlassen und die Milch erwärmen. Dotter mit der lauwarmen Milch versprudeln, mit dem zerlassenen Fett dazugeben und einen ziemlich festen Teig bereiten, den man gut durchknetet und zugedeckt aufgehen läßt. Wenn sich das Teigvolumen verdoppelt hat, die Weckerln formen und aufgehen lassen. Kurz vor dem Backen mit zerklopftem Ei bestreichen und mit Mohn bestreuen. Backrohr vorheizen. Backtemperatur: 220°. Backzeit: ca. 15 Minuten.

## Haidegger Sesamlaibchen

Zutaten:

*50 dag Weizenvollmehl, 50 dag Weizenmehl (Type 480), 4 dag Germ, 3 Dotter, 10 dag Fett (Butter oder Margarine), 8 dag Zukker, 1 Teelöffel Salz, Rum, Vanillezucker, ca. ½ l lauwarme Milch, Ei zum Bestreichen, Sesam zum Bestreuen.*

Zubereitung:

Weizenvollmehl und Weizenmehl in eine Schüssel geben. Germ einbröseln, mit dem Mehl vermischen und Zucker, Salz und Vanillezucker dazugeben. Dotter mit der lauwarmen Milch versprudeln und mit dem zerlassenen Fett und einem Schuß Rum dazugeben. Daraus einen Teig bereiten, den man gut durchknetet und zugedeckt aufgehen läßt. Kleine Laibchen formen, die man auf ein befettetes Blech legt und nochmals aufgehen läßt. Vor dem Bakken mit zerklopftem Ei bestreichen und mit Sesam bestreuen. Im vorgeheizten Backrohr bei 220° ca. 15—20 Minuten backen.

## Rosinenweckerln

Zutaten:

*50 dag Weizenvollmehl, 50 dag Weizenmehl (Type 480), 4 dag Germ, 4 dag Zucker, 12 dag Rosinen, 2 Dotter, 8 dag Fett (Margarine, Butter), Rum, Vanillezucker, 1 Teelöffel Salz, ca. ½ l Milch.*

Zubereitung:

Mehl in eine Schüssel geben, Germ einbröseln oder ein Dampfl bereiten. Alle trockenen Zutaten wie Salz, Zucker, Vanillezukker und Rosinen mit dem Mehl vermischen. Fett zerlassen, Milch erwärmen und mit den Dottern versprudeln. Rum, zerlassenes Fett und Milch mit den übrigen Zutaten zu einem mittelfesten Teig verarbeiten.

Nach dem Kneten zugedeckt aufgehen lassen, bis sich das Teigvolumen verdoppelt. Weckerln formen, auf ein befettetes Blech legen und ca. 15 Minuten aufgehen lassen. Mit zerklopftem Ei bestreichen und bei 220° ca. 20 Minuten lang im vorgeheizten Backrohr backen.

## Vollmehlbrötchen

Zutaten:

*40 dag Roggenvollmehl, 30 dag Weizenvollmehl, 3 dag Germ, 1 Teelöffel Salz, 1 Eßlöffel Brotgewürze, ⅜ l bis ½ l lauwarmes Wasser, Ei zum Bestreichen, Kümmel zum Bestreuen.*

Zubereitung:

Mehl in eine Schüssel geben, Germ einbröseln und die Gewürze dazugeben. Die Zutaten trocken vermischen, Wasser dazugießen und daraus einen Teig bereiten, den man gut durchknetet; zugedeckt aufgehen lassen, bis sich das Volumen verdoppelt hat.

Kleine Laibchen formen, auf ein befettetes Blech legen und nochmals ca. 15—20 Minuten aufgehen lassen. Mit zerklopftem Ei bestreichen, mit Kümmel bestreuen und im vorgeheizten Backrohr bei 220° ca. 20 Minuten lang backen.

## Salzstangerln

Zutaten:

*40 dag Weizenvollmehl, 40 dag Weizenmehl (Type 480), 3 dag Germ, 1 Teelöffel Salz, 8 dag Fett (Margarine, Butter), ca. ⅜ l Milch (eventuell schwach ½ l), Milch oder Ei zum Bestreichen, Grobsalz und Kümmel zum Bestreuen.*

Zubereitung:

Mehl in eine Schüssel geben, Germ einbröseln, salzen, lauwarme Milch und zerlassenes Fett zum Mehl geben und gut vermischen. Teig durchkneten, bis er Blasen bildet. Zugedeckt aufgehen lassen und ausarbeiten — Stangerln formen. Die Stangerln auf ein befettetes Blech legen und ca. 20 Minuten aufgehen lassen. Mit Milch oder zerklopftem Ei bestreichen, mit Grobsalz und Kümmel bestreuen. Im vorgeheizten Backrohr bei 220° ca. 15 Minuten lang backen.

Wenn die Stangerln mit zerklopftem Ei bestrichen werden, so erhalten sie eine schöner glänzende Oberfläche.

## Frühstücksweckerln

Zutaten:

*50 dag Roggenvollmehl, 50 dag Weizenmehl (Type 700), 4 dag Germ, 1 gestrichener Eßlöffel Salz, 1 Eßlöffel gemahlener Kümmel, 1 Eßlöffel gemahlener Koriander, ca. ½ l lauwarmes Wasser, Ei zum Bestreichen.*

Zubereitung:

Mehl in eine Schüssel geben, Germ einbröseln, Salz und Gewürze mit dem Mehl vermischen. Wasser dazugießen und daraus einen Teig bereiten, den man gut durchknetet und aufgehen läßt. Wenn sich sein Volumen verdoppelt hat, kleine Weckerln formen. Diese auf ein befettetes Blech legen und an der Oberfläche zweimal schräg einschneiden. Die geformten Weckerln ca. 30 Minuten aufgehen lassen und mit zerklopftem Ei bestreichen. Im vorgeheizten Backrohr bei ca. 220° etwa 20—25 Minuten lang backen.

**Käsestangerln** aus Weizenvollmehl

Zutaten:

*60 dag Weizenvollmehl, 3 dag Germ, 1 Kaffeelöffel Salz, 6 dag Fett (Butter oder Margarine), ca. ⅜ l lauwarme Milch, Ei zum Bestreichen, geriebener Käse (Parmesan oder Emmentaler) und Kümmel zum Bestreuen.*

Zubereitung:

Weizenvollmehl in eine Schüssel geben. Germ einbröseln oder ein Dampfl bereiten. Salz, zerlassenes Fett und lauwarme Milch zum Mehl geben und zu einem mittelfesten Teig verarbeiten.

Teig gut durchkneten und an einem warmen Ort aufgehen lassen, bis sich das Volumen verdoppelt hat.

Den Teig ausrollen und Dreiecke schneiden. Stangerln formen, die man auf ein befettetes Blech legt und ca. 15 Minuten aufgehen läßt. Mit zerklopftem Ei bestreichen, mit geriebenem Käse und Kümmel bestreuen.

Im vorgeheizten Backrohr bei 210° ca. 20 Minuten lang backen.

**Käsestangerln**

Zutaten:

*1 kg Weizenmehl (Type 700), 4 dag Germ, 15 dag geriebener Käse (Emmentaler oder Bergbaron), 1 gestrichener Eßlöffel Salz, 8 dag Margarine, ca. ½ l lauwarme Milch, 1 zerklopftes Ei zum Bestreichen, geriebener Käse und Kümmel zum Bestreuen.*

Zubereitung:

Das Mehl in eine Schüssel geben, Germ einbröseln und mit dem Mehl vermischen. Salz, geriebenen Käse, lauwarme Milch und zerlassene Margarine dazugeben und zu einem Teig verarbeiten. Den Teig gut durchkneten und zugedeckt aufgehen lassen, bis sich das Teigvolumen verdoppelt hat.

Aus dem Teig ca. 30 Stangerln formen. Diese läßt man auf einem befetteten Blech ca. 15 Minuten aufgehen. Kurz vor dem Backen mit zerklopftem Ei bestreichen, mit geriebenem Käse und Kümmel bestreuen. Im vorgeheizten Backrohr bei 200° ca. 15 bis 20 Minuten backen.

**Schusterweckerln**

Zutaten:

*75 dag Roggenmehl (Type 960), 25 dag Weizenmehl (Type 700), 4 dag Germ, 1 gestrichener Eßlöffel Salz, 1 bis 2 Eßlöffel Brotgewürz (Kümmel, Anis, Fenchel, Koriander), ca. ¾ l lauwarmes Wasser.*

Zubereitung:

Einen mittelfesten Brotteig bereiten, den man zugedeckt aufgehen läßt. Wenn sich das Teigvolumen verdoppelt hat, den Teig in ca. 30 Stücke teilen und Weckerln formen. Diese läßt man auf einem befetteten Blech nochmals kurz aufgehen. Im vorgeheizten Backrohr bei 230° backen. Backzeit ca. 20 bis 25 Minuten.

**Semmeln** mit Vollmehl

Zutaten:

*50 dag Weizenvollmehl, 50 dag Weizenmehl (Type 700), 4 dag Germ, 1 gestrichener Eßlöffel Salz, 12 dag Fett, ca. ⅘ l Milch (eventuell ⅝ l), Ei zum Bestreichen.*

Zubereitung:

Einen mittelfesten Germteig bereiten, den man aufgehen läßt. Wenn sich das Teigvolumen verdoppelt hat, die Semmeln formen. Vor dem Backen läßt man die geformten Semmeln ca. 10 Minuten aufgehen. Mit zerklopftem Ei bestreichen und im vorgeheizten Backrohr bei 220° backen. Backzeit ca. 15 bis 20 Minuten.

**Zwiebelweckerln**

Zutaten:

*50 dag Roggenmehl (Type 960), 50 dag Weizenmehl (Type 700), 4 dag Germ, 1 gestrichener Eßlöffel Salz, 1 Eßlöffel Brotgewürz (Kümmel, Fenchel, Anis, Koriander), ca. ⅝ l lauwarmes Wasser, 3 bis 4 Zwiebeln, etwas Öl oder Schweinefett.*

Zubereitung:

Die Zwiebeln mittelfein schneiden, in wenig Öl oder Schweinefett goldgelb anrösten und auskühlen lassen. Das Mehl in eine Schüssel geben, Germ einbröseln und mit dem Mehl vermischen. Salz, Brotgewürz und die noch lauwarmen Zwiebeln

dazugeben und mit dem Mehl vermischen. Das lauwarme Wasser dazugießen und einen mittelfesten Teig bereiten, den man gut durchknetet. Die Oberfläche glatt streichen und aufgehen lassen.
Wenn sich das Teigvolumen verdoppelt hat, ca. 30 Weckerln formen. Diese läßt man auf einem befetteten Blech ca. 15 Minuten aufgehen. Im vorgeheizten Backrohr bei 230° ca. 20 Minuten backen.

**Speckweckerln**

Zutaten:

*50 dag Roggenvollmehl, 50 dag Weizenmehl (Type 700), 4 dag Germ, 1 Teelöffel Salz, 1 Eßlöffel Brotgewürz (Kümmel, Anis, Fenchel, Koriander), ca. 25 dag Speck oder Schinken, ca. ½ l lauwarmes Wasser, Ei zum Bestreichen.*

Zubereitung:

Mehl in eine Schüssel geben, Germ einbröseln und würzen. Den würfelig geschnittenen Speck oder Schinken zum Mehl geben. Wasser dazugießen und daraus einen Teig bereiten, den man gut durchknetet und aufgehen läßt. Dann kleine Weckerln formen, die man auf ein befettetes Blech legt und noch einmal aufgehen läßt. Kurz vor dem Backen mit zerklopftem Ei bestreichen. Im vorgeheizten Backrohr bei 220° ca. 25 Minuten backen.

**Kürbiskernstangerln**

Zutaten:

*½ kg Weizenvollmehl, ½ kg Weizenmehl (Type 480), 4 dag Germ, 2 dag Salz, 1 Eßlöffel Brotgewürz, 20 dag geriebene Kürbiskerne, ca. ½ l lauwarmes Wasser, Ei zum Bestreichen.*

Zubereitung:

Mehl in eine Schüssel geben. Mit der Germ ein Dampfl bereiten oder sie direkt in das Mehl bröseln. Die restlichen Zutaten beimengen und daraus einen mittelfesten Germteig bereiten, bis sich sein Volumen verdoppelt hat. Stangerln formen, auf ein befettetes Blech legen und ca. 15 Minuten lang aufgehen lassen. Mit zerklopftem Ei bestreichen und eventuell mit ganzen Kürbiskernen bestreuen. Im vorgeheizten Backrohr bei 210° ca. 15—20 Minuten lang backen.

## Roggenfladen mit Kümmel

Zutaten:

*80 dag Roggenmehl (Type 960), 10 dag Sauerteig, 1 Teelöffel Salz, 1 Eßlöffel gemahlener Kümmel, ca. 3/8 bis 1/2 l lauwarmes Wasser, Kümmel zum Bestreuen.*

Zubereitung:

Sauerteig in etwas lauwarmem Wasser einweichen. Mehl in eine Schüssel geben und darin den aufgelösten Sauerteig eindampfeln, zudecken und einige Stunden bzw. über Nacht stehen lassen.

Mehl salzen, Kümmel dazugeben und vermischen. Wasser dazugießen und daraus einen Teig bereiten, den man gut durchknetet und zugedeckt aufgehen läßt. Fladen formen, die man auf einem befetteten Blech kurz aufgehen läßt. Dann mit lauwarmem Wasser bestreichen und mit Kümmel bestreuen. Im vorgeheizten Backrohr bei 220° ca. 15 Minuten lang backen.

## Bierweckerln

Zutaten:

*25 dag Roggenmehl (Type 960), 25 dag Weizenmehl (Type 700), 1 Kaffeelöffel Salz, 1 Eßlöffel Brotgewürz (Kümmel, Fenchel, Anis, Koriander), 1 Päckchen Backpulver, 1/2 l Bier.*

Zubereitung:

Mehl in eine Schüssel geben. Backpulver, Salz und Brotgewürz dazugeben und mit dem Mehl vermischen. Das Bier dazugießen und mit den übrigen Zutaten verrühren. Aus dieser Masse ca. 15 Weckerln formen, die man sofort auf ein befettetes Blech gibt und im vorgeheizten Backrohr bei 230° ca. 15 bis 20 Minuten bäckt.

## Brezeln

Zutaten:
*75 dag Weizenmehl (Type 480), 3 dag Germ, 1 Teelöffel Salz, 8 dag Fett (Margarine), ca. $^{3}/_{8}$ l Milch, Ei zum Bestreichen, Salz zum Bestreuen.*

Zubereitung:
Mehl in eine Schüssel geben. Germ einbröseln und mit dem Mehl vermischen. Milch erwärmen, Fett zerlassen. Salz, lauwarme Milch und zerlassenes Fett beimengen. Einen ziemlich festen Teig bereiten, den man gut durchknetet und zugedeckt aufgehen läßt. Wenn sich sein Volumen verdoppelt hat, eine Rolle formen. Davon kleine Stücke schneiden, ausrollen und daraus Brezeln formen. Vor dem Backen läßt man diese noch ca. 10 Minuten lang aufgehen. Mit zerklopftem Ei bestreichen und mit Grobsalz bestreuen. Im vorgeheizten Backrohr bei 210° ca. 10—15 Minuten lang backen.

*Einfache Brezel*

*Gedrehte Brezel*

## Brot und Gebäck für besondere Anlässe

### Osterbrot

(Ein altes, überliefertes Rezept aus der Südsteiermark)

Zutaten:

*1 kg Weizenmehl (Type 480), 3 dag Germ, ca. 4/8 l Milch, ca. 1/8 l Wein, 2 Gewürznelken, 1 Zimtrinde, 10 dag Zucker, 2 dag Salz, 14 dag Fett (Schweineschmalz, Margarine oder Butter), 1 Schuß Slibowitz, 1 Eiklar, 1 Ei, 1 Eßlöffel Zucker zum Bestreichen.*

Zubereitung:

Mehl in eine Schüssel geben, Germ eindampfeln. Den Wein mit der Hälfte des Zuckers, den Gewürznelken und der Zimtrinde kurz aufkochen. Den restlichen Zucker, das Salz und die lauwarme Milch mit dem Mehl vermischen. Den aufgekochten Wein lauwarm und den Schnaps dazugießen und kurz durchkneten. Schweineschmalz oder Margarine flaumig rühren und einkneten. Eiklar zu Schnee schlagen und unter den Teig kneten. Zugedeckt ca. 15 Minuten lang rasten lassen. Den Teig nochmals durchkneten und wieder ca. 15 Minuten aufgehen lassen. Einen Laib formen, den man auf einem befetteten Blech ca. 10 Minuten lang aufgehen läßt.

1 Ei zerklopfen und mit 1 Eßlöffel Zucker gut vermischen. Kurz vor dem Backen die Oberfläche des Laibes mit diesem Ei-Zuckergemisch bestreichen. Im vorgeheizten Backrohr bei 190° ca. 1—1¼ Std. lang backen.

### Allerheiligenstriezel

Zutaten:

*1 kg Weizenmehl (Type 480), 4 dag Germ, 10 dag Zucker, 10 dag Rosinen, 1 Teelöffel Salz, 4 Dotter, ½ l Milch, 12 dag Fett (Butter oder Margarine), Rum, Vanillezucker, Ei zum Bestreichen, Hagelzucker zum Bestreuen.*

Zubereitung:

Mehl in eine Schüssel geben. Zucker, Salz, Rosinen und Vanillezucker daruntermischen. Germ einbröseln, Fett zerlassen, Milch erwärmen. Dotter mit der lauwarmen Milch versprudeln und mit Rum und dem zerlassenen Fett unter die übrigen Zutaten mischen. Daraus einen mittelfesten Teig bereiten, den man gut durchknetet und an einem warmen Platz aufgehen läßt.

Wenn sich das Teigvolumen verdoppelt hat, Striezel formen und aufgehen lassen. Mit zerklopftem Ei bestreichen und mit Hagelzucker bestreuen. Bei 190° ca. eine ¾ Std. lange backen.

**Germteigkrampusse**

Zutaten:

*50 dag Weizenmehl (Type 480), 2 dag Germ, 1 gestr. Teelöffel Salz, 4 dag Zucker, 8 dag Fett (Margarine), 2 Eier, ca. ¼ l Milch, Rum, Vanillezucker, Rosinen zum Verzieren, Ei zum Bestreichen.*

Zubereitung:

Mehl in eine Schüssel geben. Germ einbröseln oder ein Dampfl bereiten. Milch erwärmen und Fett zerlassen. Salz, Zucker, Rum, Vanillezucker mit dem Mehl vermischen. Eier zerklopfen und mit der lauwarmen Milch versprudeln. Die restlichen Zutaten zum Mehl geben und daraus einen mittelfesten Teig bereiten, gut durchkneten und zugedeckt aufgehen lassen. Wenn sich das Teigvolumen verdoppelt hat, Krampusse formen.

Den Teig in 12 bis 15 gleichmäßige Stücke teilen und ca. 15 cm lange Rollen formen. Mit der Schere oben leicht einzwicken,

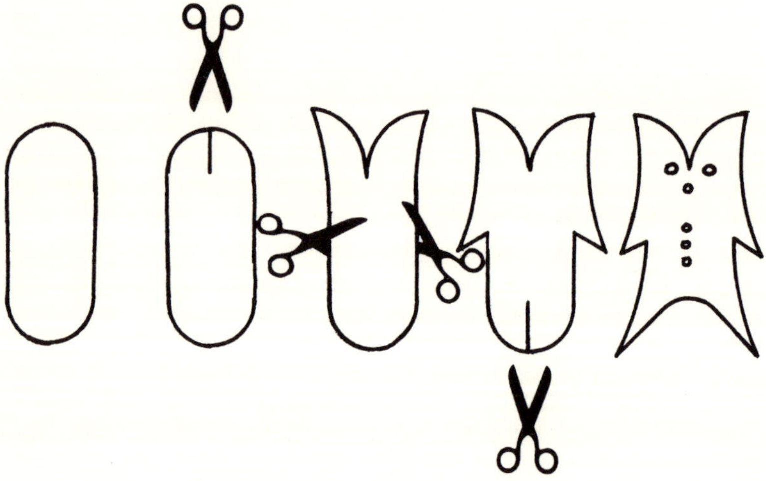

das sind die Hörner. Seitlich ca. 2 cm und unten ca. 3 cm tief einschneiden, das ergibt Arme und Beine. Mit Rosinen verzieren (Augen, Mund, ev. Knöpfe) und ca. 10 Minuten aufgehen lassen. Mit zerklopftem Ei bestreichen und im vorgeheizten Backrohr bei 210° ca. 15 Minuten lang backen.

### Kletzenbrot

Zutaten:

*80 dag Roggenmehl (Type 960), 40 dag Weizenmehl (Type 480), 8 dag Germ, 40 dag Dörrzwetschken bzw. Dörrpflaumen, 30 dag Dörrbirnen, 25 dag Feigen, 15 dag Nüsse, 15 dag Rosinen, 2 Eßlöffel Zucker, 1 Teelöffel Salz, Rum, Vanillezucker, 1 Teelöffel Zimt, je 1 Messerspitze Nelkenpulver, Piment, Lebkuchengewürz, Flüssigkeit: ¾ l bis 1 Liter Kletzenwasser.*

Zubereitung:

Dörrbirnen und Dörrzwetschken in ca. ¾ l Wasser weichkochen. Feigen sowie die weichgekochten Dörrbirnen und Dörrzwetschken fein schneiden. Nüsse grob hacken. Die geschnittenen Früchte sowie die Rosinen mit Rum, Vanillezucker und Zucker vermischen. Kletzenwasser dazugießen, bis die Früchte mit Flüssigkeit bedeckt sind. Zugedeckt über Nacht stehen lassen.

Am nächsten Tag Mehl in eine Schüssel geben, Germ einbröseln oder ein Dampfl bereiten. Salz, die restlichen Gewürze sowie die angesetzten Früchte mit dem Mehl vermischen. Noch etwas Flüssigkeit (Kletzenwasser oder lauwarmes Wasser) dazugießen und daraus einen mittelfesten Teig bereiten — Vorsicht bei der Flüssigkeitsmenge! Der Teig gerät durch die eingeweichten Früchte leicht zu weich.

Die Oberfläche glattstreichen, den Teig zudecken und aufgehen lassen. Wenn sich das Volumen verdoppelt hat, drei gleich große Wecken formen, die man auf einem befetteten Blech ca. ½ bis ¾ Std. aufgehen läßt.

Im vorgeheizten Backrohr bei 210° ca. 1¼ bis 1½ Std. lang bakken. Backrohr etwas früher zurück- oder ganz ausschalten.

Sofort nach dem Backen Wecken mit Zuckerwasser bepinseln.

**Weizenvollmehlstriezel**

Zutaten:

*50 dag Weizenvollmehl, 50 dag Weizenmehl (Type 700), 4 dag Germ, 1 gestrichener Teelöffel Salz, 4 dag Zucker, Vanillezucker, Rum, 2 Eier, 10 dag Fett (Margarine oder Schweineschmalz), ½ l Milch, Milch oder Ei zum Bestreichen.*

Zubereitung:

Mehl in eine Schüssel geben, Germ einbröseln oder ein Dampfl bereiten. Salz, Zucker, Vanillezucker und Rum mit dem Mehl vermischen. Fett zerlassen und Milch erwärmen. Eier mit etwas lauwarmer Milch versprudeln und zum Mehl geben. Die restliche Milch und das zerlassene Fett mit den übrigen Zutaten zu einem mittelfesten Teig verarbeiten, der gut durchgeknetet wird. Zugedeckt aufgehen lassen, bis sich sein Volumen verdoppelt hat. Einen Striezel flechten (Sechser- oder Viererstriezel). Auf ein befettetes Backblech legen und ca. 20 Minuten aufgehen lassen. Kurz vor dem Backen mit lauwarmer Milch oder mit zerklopftem Ei bestreichen. Im vorgeheizten Backrohr bei 190° ca. 45 Minuten lang backen.

Bei diesem Striezel könnte auch nur Vollmehl verwendet werden, es wäre jedoch möglich, daß sich der Teig dann schwerer verarbeiten läßt, z. B. beim Flechten bricht, oder daß der Striezel beim Backen springt.

Diese Teigmenge reicht auch für zwei kleinere Striezel. Die Backzeit verkürzt sich dann um ca. 5—10 Minuten.

**Sandwichwecken** (Menge für 2 Wecken)

Zutaten:

*½ kg Weizenmehl (Type 700), 2 dag Germ, 1 Kaffeelöffel Salz, 6 dag Fett (Butter, Margarine oder Schweinefett), ²⁄₈ bis ³⁄₈ l lauwarme Milch.*

Zubereitung:

Mehl in eine Schüssel geben. Germ einbröseln und mit dem Mehl vermischen. Salz, zerlassenes Fett und lauwarme Milch dazugeben und zu einem mittelfesten Teig verarbeiten. Den Teig gut durchkneten und zugedeckt aufgehen lassen. Wenn

Osterbrot — Rezept S. 67

Allerheiligenstriezel — Rezept S. 67

sich das Teigvolumen verdoppelt hat, den Teig halbieren. Jede Hälfte rechteckig auswalken und einrollen, sodaß zwei dünne Wecken entstehen. Diese legt man auf ein befettetes Blech und läßt sie ca. ½ Std. aufgehen. Kurz vor dem Backen die Wecken mit lauwarmer Milch oder zerklopftem Ei bestreichen. Im vorgeheizten Backrohr bei 190° ca. 30 Minuten backen.

**Partystern**

Zutaten:

*40 dag Weizenmehl (Type 700), 2 dag Germ, 1 Kaffeelöffel Salz, 1 Kaffeelöffel Brotgewürz (Kümmel, Fenchel, Anis, Koriander), 6 dag Margarine oder Butter, ¼ l lauwarme Milch, zerklopftes Ei zum Bestreichen, Mohn, Sesam, evtl. Leinsamen zum Bestreuen.*

Zubereitung:

Das Mehl in eine Schüssel geben, die Germ einbröseln und mit dem Mehl vermischen. Die restlichen Zutaten dazugeben und daraus einen mittelfesten Teig bereiten, den man gut durchknetet. Zugedeckt läßt man den Teig aufgehen, bis sich das Volumen verdoppelt hat.

Den Teig in 13 gleichgroße Stücke teilen. Aus einem Teigstück ein Laibchen formen. Dieses legt man in die Mitte eines befetteten Bleches. Jedes der zwölf restlichen Teigstücke ca. 40 cm lang ausrollen und zu einer Schnecke formen (die beiden Enden in entgegengesetzter Richtung einrollen). Um das geformte Laibchen legt man die zwölf Schnecken, sodaß der Kreis geschlossen ist. Den geformten Stern läßt man ca. 15 Minuten aufgehen. Kurz vor dem Backen mit zerklopftem Ei bestreichen

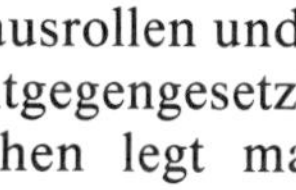

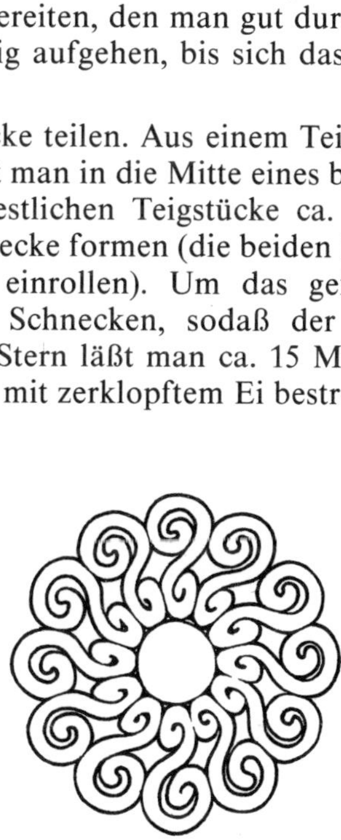

und mit Sesam, Mohn und eventuell Leinsamen bestreuen. Im vorgeheizten Backrohr bei 200° ca. 20 Minuten backen.

**Gefüllte Kipferl** mit Vollmehl

Zutaten:

*½ kg Weizenvollmehl, ½ kg Weizenmehl (Type 700), 4 dag Germ, 1 gestrichener Eßlöffel Salz, 10 dag Zucker, 4 Dotter, Rum, Vanillezucker, 12 dag Butter oder Margarine, ca. ½ l lauwarme Milch; Fülle: Marmelade, Nuß-, Mohn- oder Topfenfülle.*

Zubereitung:

Aus den angeführten Zutaten einen mittelfesten Germteig bereiten. Diesen läßt man zugedeckt aufgehen, bis sich das Teigvolumen verdoppelt hat. Dann werden die Kipferl geformt. Man rollt den Teig rechteckig aus. Mit dem Teigrad werden Quadrate ausgeradelt. Darauf gibt man die Fülle und formt dann die Kipferl, indem man die Quadrate von einer Ecke her (diagonal) einrollt. Bei der zweiten Variante wird der Teig in ca. 35 gleichgroße Stücke geteilt. Mit dem Nudelwalker wird von jedem Stück eine längliche „Zunge“ ausgerollt. Darauf gibt man an einem Ende die Fülle und formt die Kipferl. Anschließend läßt man sie auf einem befetteten Blech ca. 15 Minuten aufgehen. Kurz vor dem Backen werden die Kipferl mit zerklopftem Ei bestrichen. Im vorgeheizten Backrohr bei 220° ca. 15 bis 20 Minuten backen.

Will man keine Vollmehlkipferl, so wird das Vollmehl durch Auszugsmehl ersetzt (man benötigt dann insgesamt 1 kg Weizenmehl).

**Gefüllte Schnecken**

Zutaten:

*½ kg Weizenmehl (Type 700), 2 dag Germ, 6 dag Butter oder Margarine, 1 Kaffeelöffel Salz, 3 Eßlöffel Zucker, 2 Dotter, Rum, Vanillezucker, ca. ¼ l lauwarme Milch, 1 zerklopftes Ei oder lauwarme Milch zum bestreichen;*
*Füllen: Marmelade, Nuß-, Mohn- oder Topfenfülle.*

Zubereitung:

Aus den angeführten Zutaten einen mittelfesten Germteig bereiten, den man zugedeckt aufgehen läßt. Wenn sich das Teigvolumen verdoppelt hat, die Schnecken formen. Dazu wird der Teig rechteckig ausgerollt und mit der gewünschten Fülle (Nuß-, Mohn- oder Topfenfülle oder Marmelade) bestrichen. Den Teig von einer Seite einrollen. Von dieser Rolle schneidet man ca. 1½ cm dicke Scheiben ab. Die Schnecken legt man auf ein befettetes Blech und läßt sie ca. ¼ Std. aufgehen. Kurz vor dem Backen mit lauwarmer Milch oder zerklopftem Ei bestreichen. Im vorgeheizten Backrohr bei 210° ca. 15 bis 20 Minuten backen.

Wenn Vollmehlschnecken bevorzugt werden, so kann das Weizenmehl zum Teil oder ganz durch Weizenvollmehl ersetzt werden.

**Topfentascherln** aus Germteig

Zutaten:

*½ kg Weizenmehl (Type 700), 2 dag Germ, 1 Kaffeelöffel Salz, 3 Eßlöffel Zucker, 2 Eier, 6 dag Butter oder Margarine, Rum, Vanillezucker, ca. ¼ l lauwarme Milch, Topfenfülle.*

Zubereitung:

Aus den angeführten Zutaten einen mittelfesten Germteig bereiten. Zugedeckt läßt man ihn aufgehen. Wenn sich das Volumen verdoppelt hat, wird der Teig ausgeformt. Den Teig auf einem bemehlten Nudelbrett bzw. auf der bemehlten Arbeitsfläche rechteckig ausrollen und Quadrate ausradeln. In die Mitte dieser Quadrate gibt man die Topfenfülle. Die vier Enden werden zusammengedrückt, sodaß die Fülle nicht herauskommt. Auf einem befetteten Blech läßt man die Tascherln ca. 15 Minuten aufgehen. Kurz vor dem Backen werden die Tascherln noch mit zerklopftem Ei bestrichen. Im vorgeheizten Backrohr bei 220° ca. 15 bis 20 Minuten backen. Will man die Tascherln mit Vollmehl bereiten, so kann die Hälfte des Weizenmehles oder das ganzen Weizenmehl durch Vollmehl ersetzt werden.

**Mohn- bzw. Nußfülle**

Zutaten:

*⅛ l Milch, 4 Eßlöffel Zucker, 10 dag geriebener Mohn bzw. geriebene Nüsse (Wal- oder Haselnüsse), 1 Eßlöffel Brösel, Vanillezukker, Rum, 5 dag Rosinen.*

Zubereitung:

Milch und Zucker kurz aufkochen. Geriebene Nüsse bzw. geriebenen Mohn, Brösel, Rosinen und Vanillezucker dazugeben und unter Rühren kurz aufkochen. Zum Schluß noch einen Schuß Rum beifügen und die Fülle auskühlen lassen.

**Topfenfülle**

Zutaten:

*5 dag Butter oder Margarine, 8 dag Staubzucker, 1 Dotter, 5 dag Rosinen, 25 dag Topfen, Rum, Vanillezucker, Zitronensaft, eventuell etwas Milch oder Rahm.*

Zubereitung:

Butter oder Margarine abtreiben. Staubzucker und Dotter dazugeben und mit der Butter bzw. Margarine einen Abtrieb bereiten. Passierten Topfen, Rosinen, Vanillezucker, Rum und Zitronensaft beifügen und gut vermischen. Wenn die Fülle zu fest ist, kann man noch etwas Milch oder Rahm einrühren.

## Erprobte Tips — kurz zusammengefaßt — die zum richtigen Gelingen des Brotes beitragen

- Die Zutaten sollen Zimmertemperatur haben.
- Vollkornmehl verwendet man nach Möglichkeit frisch gemahlen.
- Sauerteig einige Stunden vor dem Verwenden in etwas lauwarmem Wasser einweichen. Er löst sich dadurch leichter auf.
- Teig, welcher als Teiglockerungsmittel nur Sauerteig enthält, braucht etwas länger zum Aufgehen.
- Frische Germ kann direkt in das Mehl eingebröselt werden. Bei älterer Hefe ist es vorteilhafter, ein Dampfl zu bereiten oder die Hefe in etwas Flüssigkeit aufzulösen.
- Ältere Germ hat oft eine verminderte Treibkraft.
- Germ soll man nicht mit Salz oder Fett direkt in Berührung bringen! Die Wirkung der Hefe geht dadurch teilweise verloren.
- Gemahlene Gewürze sind im Geschmack intensiver. Sie sollen daher frisch gemahlen bzw. zerkleinert verwendet werden.
- Flüssigkeitstemperatur soll lauwarm sein, höchstens jedoch 45—50°.
- Vollkornmehle bzw. -schrote sowie Mehle mit einem höheren Klebergehalt brauchen etwas mehr Flüssigkeit.
- Hefebrot trocknet rascher aus als Sauerteigbrot.
- Zugluft ist zu vermeiden, Teige sind während des Aufgehens zugedeckt.
- Hat man gerade nicht Zeit zum Ausformen des Brotes, obwohl der Teig schon genug gegangen ist, so kann man den Teig nochmals durchkneten und wieder aufgehen lassen.
- Brot, bei niedrigeren Temperaturen gebacken, hat eine dicke Rinde. Wird es bei hohen Temperaturen gebacken, so erhält es eine dünne Rinde.
- Wird Brot vor dem Backen mit Milch oder Ei bestrichen, so bleibt die Oberfläche elastisch und die Rinde springt nicht so leicht.

- Brot, mit Dampf gebacken, hat eine weichere Rinde. Dies kann durch die Schwadenanlage beim Brotbackofen erreicht werden. Ins Elektrobackrohr könnte ein Gefäß mit Wasser gestellt werden.
- Gebäck, kurz vor dem Backen mit zerklopftem Ei bestrichen, hat eine schöne glänzende Oberfläche.
- Vollkornbrote verlangen etwas höhere Backtemperaturen oder haben eine etwas längere Backzeit.
- Springt Brot oder Gebäck beim Backen sehr stark, so könnte die Ursache eventuell auch zu kurzes Aufgehen vor dem Backen sein.
- Ist die vorgeschriebene Backzeit um, so führt man an der Unterseite des Brotes die Klopfprobe durch. Ein hohler Ton bedeutet, daß das Brot durchgebacken ist.
- Ist die Rinde des Brotes nach dem Backen sehr hart oder ausgetrocknet, so soll man das Brot noch heiß mit Wasser bestreichen oder in ein feuchtes Tuch eindrehen.
- Gebäck kann bald nach dem Auskühlen gegessen werden. Bei Brot sollte mindestens einige Stunden oder ein Tag gewartet werden.
- Gebäck oder Brot soll frisch, aber erst nach dem Auskühlen eingefroren werden.
- Gebäck kann im Backrohr bei 150° aufgetaut werden, sollte aber dann bald gegessen werden, da es sonst rasch austrocknet.
- Eingefrorenes Brot soll in der Regel langsam aufgetaut werden und nur in Ausnahmefällen im Backrohr.

## Kochen mit Wein

Von Marianne Ertl
und Ingrid Lechner

180 Seiten, 4 Farbtafeln,
S 195,—

Das nun in 2. Auflage vorliegende Buch enthält viele von den Verfasserinnen gesammelte und erprobte Kochrezepte, zu deren Bereitung Wein oder Weinbrand verwendet wird. Die Palette reicht von Suppen, Vorspeisen, Fisch-, Wild- und Fleischgerichten bis zu Süß- und Mehlspeisen, Bowlen, Punsch- und Glühweinrezepten.

Für die Wahl des richtigen Weines zum Kochen und zu den Gerichten bei Tisch werden Hinweise gegeben.

Der letzte Abschnitt befaßt sich mit der Frage „Was kann man zu Wein reichen?". Schmackhafte Rezepte für Brotaufstriche und kleine Imbisse bilden den Abschluß dieses Kochbuches, das nicht nur für Hobbyköche, sondern auch für den Unterricht an einschlägigen Schulen einen wichtigen Lehrbehelf darstellt. Es bietet aber auch im Haushalt und für das Gastgewerbe eine willkommene Hilfe bei der Menüwahl.

Zu beziehen über den Buchhandel oder direkt bei:

**ÖSTERREICHISCHER AGRARVERLAG,**
**LINZER STRASSE 32, 1141 WIEN**
**Tel. 0222/951501, FS 01/32155**